01 다음 漢字語의 독음을 쓰시오. (1~44)

1	香爐 [ ]		2	誇張 [ ]
3	督勵 [ ]		4	殘額 [ ]
5	危殆 [ ]		6	豪傑 [ ]
7	停滯 [ ]		8	稀微 [ ]
9	頭緖 [ ]		10	納涼 [ ]
11	覆蓋 [ ]		12	推仰 [ ]
13	懸案 [ ]		14	彼此 [ ]
15	祈願 [ ]		16	葬儀 [ ]
17	排除 [ ]		18	損壞 [ ]
19	激突 [ ]		20	餘裕 [ ]
21	卓越 [ ]		22	祕標 [ ]
23	疏忽 [ ]		24	偏見 [ ]
25	偶像 [ ]		26	負擔 [ ]
27	傾聽 [ ]		28	配慮 [ ]
29	謝過 [ ]		30	我執 [ ]
31	震怒 [ ]		32	謀陷 [ ]
33	減免 [ ]		34	周旋 [ ]
35	追憶 [ ]		36	榮辱 [ ]
37	秩序 [ ]		38	探險 [ ]
39	底邊 [ ]		40	冠帶 [ ]
41	華麗 [ ]		42	寶座 [ ]
43	送還 [ ]		44	接觸 [ ]

02 다음 漢字의 音과 訓을 쓰시오. (45~71)

45	睦 [ ]		46	簡 [ ]
47	愼 [ ]		48	惑 [ ]
49	派 [ ]		50	寂 [ ]
51	染 [ ]		52	貸 [ ]
53	寡 [ ]		54	衰 [ ]
55	曾 [ ]		56	荒 [ ]
57	拓 [ ]		58	票 [ ]
59	翼 [ ]		60	徑 [ ]
61	諾 [ ]		62	提 [ ]
63	悅 [ ]		64	導 [ ]
65	惜 [ ]		66	譜 [ ]
67	域 [ ]		68	鍊 [ ]
69	卑 [ ]		70	磨 [ ]
71	徵 [ ]			

03 다음 밑줄 친 漢字語 중 한글로 쓴 것은 漢字로, 漢字로 쓴 것은 한글로 바꾸시오. (72~102)

- 한자는 국어의 일부분으로 일상[72]생활에서 사용[73]할 수 있을 정도[74]로 강력하고 집중[75]적으로 가르쳐야 한다.
- 한자는 뛰어난 조어력을 지녔고 개념어로서의 특성[76]을 잘 보여주기 때문에 한자와 한문을 공부하면 지식[77]과 정보[78]를 쉽게 습득[79]하고 효율적으로 자기화할 수 있다.
- 정치[80]는 민주화되어야 하고 사회는 자율[81]화되어야 하며 경제[82]는 정의에 투철[83]해야 한다.
- 극단[84]적인 보수[85]와 극단적인 진보[86]의 양극으로 분할된 이 척박한 풍토[87]한 가운데 침묵을 지켜오던 중간층의 응집된 뜻이 이 사회의 중심을 이룰 때가 되었다.
- 진실[88]로 오늘의 우리 정치의 불행[89]은 정당들이 각계[90]각층의 다양한 욕구와 이해[91]를 충분[92]히 수렴하지 못함으로써 다수[93]의 국민들 특히 중간층이 정치적으로 대표[94]되지 않고 있다는 데에 있다. 여기에는 중간층 자체가 용기[95]를 잃은 채 그나마 간직한 소시민적인 기득권에 안주[96]하여 역사[97]의 향배[98]에 대해 무관심한 자세를 취했던 데에도 원인[99]이 있다.

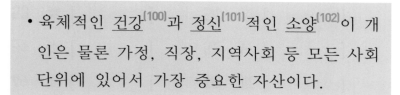

• 육체적인 <u>건강</u>[100]과 <u>정신</u>[101]적인 <u>소양</u>[102]이 개인은 물론 가정, 직장, 지역사회 등 모든 사회 단위에 있어서 가장 중요한 자산이다.

72 [   ]   73 [   ]
74 [   ]   75 [   ]
76 [   ]   77 [   ]
78 [   ]   79 [   ]
80 [   ]   81 [   ]
82 [   ]   83 [   ]
84 [   ]   85 [   ]
86 [   ]   87 [   ]
88 [   ]   89 [   ]
90 [   ]   91 [   ]
92 [   ]   93 [   ]
94 [   ]   95 [   ]
96 [   ]   97 [   ]
98 [   ]   99 [   ]
100 [   ]   101 [   ]
102 [   ]

04 다음 漢字語 가운데 첫 音節이 長音으로 발음되는 것을 골라 그 번호를 쓰시오. (103~107)

103 ① 陣營 ② 編著 ③ 模唱 ④ 誤審 [   ]
104 ① 姑婦 ② 陶醉 ③ 退勤 ④ 次官 [   ]
105 ① 斷片 ② 乘客 ③ 貧血 ④ 才幹 [   ]
106 ① 隱居 ② 抗辯 ③ 祝賀 ④ 專攻 [   ]
107 ① 麥芽 ② 寄與 ③ 普及 ④ 赤潮 [   ]

05 다음 漢字와 反對(또는 相對)되는 漢字를 써넣어 漢字語를 완성하시오. (112는 한자어로 완성되지 않아도 좋음) (108~112)

108 且 ↔ [   ]
109 [   ] ↔ 直

110 緩 ↔ [   ]
111 受 ↔ [   ]
112 滿 ↔ [   ]

06 다음 漢字語의 反對語(또는 相對語)를 漢字로 쓰시오. (113~117)

113 寒冷 ↔ [   ][   ]
114 [   ][   ] ↔ 稱讚
115 苦痛 ↔ [   ][   ]
116 [   ][   ] ↔ 紛爭
117 [   ][   ] ↔ 複雜

07 다음 빈칸에 알맞은 漢字를 써 넣어 漢字語(故事成語)를 完成하시오. (118~127)

118 異口同 [   ]
119 [   ] 手無策
120 切 [   ] 腐心
121 興盡 [   ] 來
122 [   ] 顔大笑
123 輕 [   ] 妄動
124 近墨者 [   ]
125 高臺 [   ] 室
126 [   ] 身齊家
127 明鏡 [   ] 水

08 다음 한자어의 部首를 쓰시오. (128~132)

128 半 [   ]
129 甲 [   ]
130 喜 [   ]
131 布 [   ]
132 率 [   ]

09 다음 漢字의 例에서 (133~137)의 뜻과 비슷한 漢字를 골라 그 번호를 써 넣으시오. (133~137)

例	① 祭 ② 積 ③ 硬 ④ 愁
	⑤ 衡 ⑥ 姿 ⑦ 猶

133 堅 [ ]

134 尙 [ ]

135 祀 [ ]

136 樣 [ ]

137 憂 [ ]

10 다음 漢字語와 음이 같으며, 다음 풀이에 알맞은 漢字語를 쓰시오. (138~142)

138 豫防 – [   ][   ] : 예를 갖추어 방문함

139 延期 – [   ][   ] : 연극이나 영화에서 배역의 성격이나 행동을 나타내는 일

140 以上 – [   ][   ] : 현실에 있지 않은 완전한 상태

141 流刑 – [   ][   ] : 형체가 있음

142 戰火 – [   ][   ] : 전화기로 말을 주고받음

11 다음 漢字語의 뜻을 쓰시오. (143~147)

143 遷都 [   ]

144 採擇 [   ]

145 候鳥 [   ]

146 蒼空 [   ]

147 請婚 [   ]

12 다음 漢字의 略字를 쓰시오. (148~150)

148 缺 [   ]

149 醫 [   ]

150 續 [   ]

01 다음 漢字語의 讀音을 쓰시오. (1~45)

1 參與 [   ]   2 倫理 [   ]

3 實踐 [   ]   4 自負 [   ]

5 排出 [   ]   6 威脅 [   ]

7 安逸 [   ]   8 美貌 [   ]

9 映畫 [   ]   10 環境 [   ]

11 攻擊 [   ]   12 目標 [   ]

13 減縮 [   ]   14 看板 [   ]

15 簡單 [   ]   16 段階 [   ]

17 組織 [   ]   18 維持 [   ]

19 政策 [   ]   20 稱讚 [   ]

21 輸入 [   ]   22 指摘 [   ]

23 綠色 [   ]   24 主導 [   ]

25 浮刻 [   ]   26 解法 [   ]

27 錯覺 [   ]   28 距離 [   ]

29 包含 [   ]   30 收拾 [   ]

31 確保 [   ]   32 狀況 [   ]

33 公務 [   ]   34 不便 [   ]

35 稅金 [   ]   36 最適 [   ]

37 獻身 [   ]   38 姿勢 [   ]

39 民怨 [   ]   40 工團 [   ]

41 遊休 [   ]   42 配置 [   ]

43 號令 [   ]   44 質責 [   ]

45 容疑 [   ]

02 다음 漢字의 음과 訓을 쓰시오. (46~72)

46 底 [   ]   47 諾 [   ]

48 乙 [   ]   49 怒 [   ]

50 克 [   ]   51 瓦 [   ]

52 企 [   ]   53 樣 [   ]

54 堂 [   ]   55 愼 [   ]

56 凍 [   ]   57 施 [   ]

58 郞 [   ]   59 巡 [   ]

60 索 [   ]   61 隆 [   ]

62 漠 [   ]   63 償 [   ]

64 晩 [   ]   65 拔 [   ]

66 拍 [   ]   67 司 [   ]

68 班 [   ]   69 何 [   ]

70 封 [   ]   71 低 [   ]

72 輩 [   ]

03 다음 밑줄 친 漢字語를 漢字로 쓰시오. (73~102)

- 올봄에도 사제[73]동행[74]행사에 참여한 학생들과 식목[75]의 의미[76]를 상기[77]시키고자 나무를 심었다.
- 개인[78]의 태도[79]는 미래[80]에 대한 희망[81]여부에 따라 달라진다.
- 나무 심기는 지구[82]환경을 지키는 데 일조[83]한다는 중대한 과업[84]의 산 현장[85]으로서의 가치가 있다.
- 가정[86]에서 음식을 조리하는 데는 식품의 객관적[87]인 계량[88]이 중요하다.
- 기압[89]변화[90]의 원인이 되는 그곳의 배경[91]은 아름다운 항구[92]도시[93]로, 핵 처리 재료[94]가 도착[95]하는 곳이다.
- 그 건물의 설립[96]초기[97]에는 온실[98]이 희소성이 있어 가격[99]이 매우 비쌌다.
- 세계경제포럼이 발표[100]한 프랑스 국가 경쟁[101]력 순위[102]는 18위다.

73 [   ]   74 [   ]

75 [   ]   76 [   ]

77 [   ]   78 [   ]

79 [   ]   80 [   ]

81 [   ]   82 [   ]

83 [   ]   84 [   ]

85 [   ]   86 [   ]

87 [   ]   88 [   ]

89 [   ]   90 [   ]

91 [   ]   92 [   ]

93 [   ]   94 [   ]

95 [   ]   96 [   ]

97 [   ]   98 [   ]

99 [   ]   100 [   ]

101 [   ]   102 [   ]

04 다음 漢字語 가운데 첫 音節이 長音으로 발음되는 것을 골라 그 번호를 쓰시오. (103~107)

103 ① 逃亡 ② 佳作 ③ 土豪 ④ 精神 [   ]

104 ① 歌舞 ② 仲媒 ③ 綱領 ④ 電子 [   ]

105 ① 賀正 ② 功德 ③ 時急 ④ 亦是 [   ]

106 ① 萬歲 ② 煙幕 ③ 烏石 ④ 胡笛 [   ]

107 ① 支流 ② 秩序 ③ 窓門 ④ 午後 [   ]

05 다음 漢字와 反對 (또는 相對)되는 漢字를 써넣어 漢字語를 완성하시오. (108번은 한자어로 완성되지 않아도 좋음) (108~112)

108 繼 ↔ [   ]

109 [   ] ↔ 易

110 [   ] ↔ 尾

111 [   ] ↔ 末

112 罪 ↔ [   ]

06 다음 漢字語의 反對語(또는 相對語)를 漢字로 쓰시오. (113~117)

113 巨富 ↔ [   ][   ]

114 散在 ↔ [   ][   ]

115 內憂 ↔ [   ][   ]

116 差別 ↔ [   ][   ]

117 光明 ↔ [   ][   ]

07 다음 빈 칸에 알맞은 漢字를 써 넣어 漢字語(故事成語)를 完成하시오. (118~127)

118 結草 [   ] 恩

119 [   ] 株待兔

120 莫 [   ] 之友

121 夫 [   ] 婦隨

122 日就月 [   ]

123 終無 [   ] 息

124 張三 [   ] 四

125 冠婚喪 [   ]

126 孤 [   ] 奮鬪

127 薄利多 [   ]

08 다음 漢字의 部首를 쓰시오. (128~132)

128 眞 [   ]

129 取 [   ]

130 版 [   ]

131 灰 [   ]

132 哭 [   ]

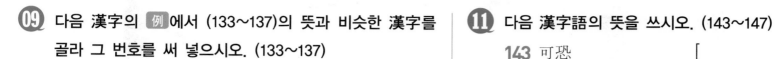

09 다음 漢字의 例에서 (133~137)의 뜻과 비슷한 漢字를 골라 그 번호를 써 넣으시오. (133~137)

例	① 街	② 列	③ 建	④ 切
	⑤ 納	⑥ 禮	⑦ 剛	

133 貢 　　[　]

134 懇 　　[　]

135 羅 　　[　]

136 健 　　[　]

137 路 　　[　]

10 다음 漢字語와 音은 같으나 뜻이 다른 漢字語를 풀이한 말에 맞게 쓰시오. (音의 長短은 무시할 것) (138~142)

138 上昇 – [　][　] : 항상 이김

139 修辭 – [　][　] : 직접 베낌

140 校監 – [　][　] : 서로 접촉되어 감응함

141 腹稿 – [　][　] : 옛날대로 회복함

142 死句 – [　][　] : 조사하여 구명함

11 다음 漢字語의 뜻을 쓰시오. (143~147)

143 可恐 　　[　　　　　　]

144 積送 　　[　　　　　　]

145 契機 　　[　　　　　　]

146 天賦 　　[　　　　　　]

147 普及 　　[　　　　　　]

12 다음 漢字의 略字를 쓰시오. (148~150)

148 讀 [　　　]

149 擔 [　　　]

150 應 [　　　]

수험번호 □□□-□□-□□□□　　　　성명 □□□□□

생년월일 □□□□□□

※ 유성 싸인펜, 붉은색 필기구 사용 불가.

※ 답안지는 컴퓨터로 처리되므로 구기거나 더럽히지 마시고, 정답 칸 안에만 쓰십시오. 글씨가 채점란으로 들어오면 오답처리가 됩니다.

제　　회 전국한자능력검정시험 3급Ⅱ 답안지(1)　(시험시간 60분)

번호	정답	1검	2검	번호	정답	1검	2검	번호	정답	1검	2검
1				24				47			
2				25				48			
3				26				49			
4				27				50			
5				28				51			
6				29				52			
7				30				53			
8				31				54			
9				32				55			
10				33				56			
11				34				57			
12				35				58			
13				36				59			
14				37				60			
15				38				61			
16				39				62			
17				40				63			
18				41				64			
19				42				65			
20				43				66			
21				44				67			
22				45				68			
23				46				69			

감독위원	채점위원(1)		채점위원(2)		채점위원(3)	
(서명)	(득점)	(서명)	(득점)	(서명)	(득점)	(서명)

※ 뒷면으로 이어짐

※ 답안지는 컴퓨터로 처리되므로 구기거나 더럽히지 마시고, 정답 칸 안에만 쓰십시오. 글씨가 채점란으로 들어오면 오답처리가 됩니다.

제   회 전국한자능력검정시험 3급Ⅱ 답안지(2)

번호	정답	1검	2검	번호	정답	1검	2검	번호	정답	1검	2검
70				97				124			
71				98				125			
72				99				126			
73				100				127			
74				101				128			
75				102				129			
76				103				130			
77				104				131			
78				105				132			
79				106				133			
80				107				134			
81				108				135			
82				109				136			
83				110				137			
84				111				138			
85				112				139			
86				113				140			
87				114				141			
88				115				142			
89				116				143			
90				117				144			
91				118				145			
92				119				146			
93				120				147			
94				121				148			
95				122				149			
96				123				150			

수험번호 □□□-□□-□□□□　　　　성명 □□□□□

생년월일 □□□□□□

※ 유성 싸인펜, 붉은색 필기구 사용 불가.

※ 답안지는 컴퓨터로 처리되므로 구기거나 더럽히지 마시고, 정답 칸 안에만 쓰십시오. 글씨가 채점란으로 들어오면 오답처리가 됩니다.

제　회 전국한자능력검정시험 3급Ⅱ 답안지(1)　(시험시간 60분)

답 안 란		채점란		답 안 란		채점란		답 안 란		채점란	
번호	정답	1검	2검	번호	정답	1검	2검	번호	정답	1검	2검
1				24				47			
2				25				48			
3				26				49			
4				27				50			
5				28				51			
6				29				52			
7				30				53			
8				31				54			
9				32				55			
10				33				56			
11				34				57			
12				35				58			
13				36				59			
14				37				60			
15				38				61			
16				39				62			
17				40				63			
18				41				64			
19				42				65			
20				43				66			
21				44				67			
22				45				68			
23				46				69			

	감독위원	채점위원(1)		채점위원(2)		채점위원(3)	
	(서명)	(득점)	(서명)	(득점)	(서명)	(득점)	(서명)

※ 뒷면으로 이어짐

※ 답안지는 컴퓨터로 처리되므로 구기거나 더럽히지 마시고, 정답 칸 안에만 쓰십시오. 글씨가 채점란으로 들어오면 오답처리가 됩니다.

제　회 전국한자능력검정시험 3급Ⅱ 답안지(2)

번호	정답	1검	2검	번호	정답	1검	2검	번호	정답	1검	2검
70				97				124			
71				98				125			
72				99				126			
73				100				127			
74				101				128			
75				102				129			
76				103				130			
77				104				131			
78				105				132			
79				106				133			
80				107				134			
81				108				135			
82				109				136			
83				110				137			
84				111				138			
85				112				139			
86				113				140			
87				114				141			
88				115				142			
89				116				143			
90				117				144			
91				118				145			
92				119				146			
93				120				147			
94				121				148			
95				122				149			
96				123				150			

01 다음 漢字語의 讀音을 쓰시오. (1~45)

1 柔軟 [   ]   2 懷疑 [   ]
3 假飾 [   ]   4 踏査 [   ]
5 默認 [   ]   6 納付 [   ]
7 削除 [   ]   8 觸媒 [   ]
9 荒廢 [   ]   10 耐震 [   ]
11 猶豫 [   ]   12 兼職 [   ]
13 促迫 [   ]   14 極甚 [   ]
15 投影 [   ]   16 姿態 [   ]
17 貢獻 [   ]   18 微妙 [   ]
19 激勵 [   ]   20 詳細 [   ]
21 徒步 [   ]   22 推仰 [   ]
23 孤寂 [   ]   24 漁獲 [   ]
25 封印 [   ]   26 康寧 [   ]
27 惜敗 [   ]   28 協贊 [   ]
29 奪還 [   ]   30 富裕 [   ]
31 裏面 [   ]   32 賣渡 [   ]
33 勤儉 [   ]   34 射擊 [   ]
35 悔恨 [   ]   36 恥辱 [   ]
37 猛威 [   ]   38 肥滿 [   ]
39 約束 [   ]   40 連累 [   ]
41 稀薄 [   ]   42 疲困 [   ]
43 寢臺 [   ]   44 驚歎 [   ]
45 受諾 [   ]

02 다음 漢字의 訓과 音을 쓰시오. (46~72)

46 係 [   ]   47 貿 [   ]
48 扶 [   ]   49 訟 [   ]
50 揮 [   ]   51 包 [   ]
52 逸 [   ]   53 整 [   ]
54 探 [   ]   55 淡 [   ]
56 絡 [   ]   57 較 [   ]
58 芳 [   ]   59 倒 [   ]
60 殊 [   ]   61 悠 [   ]
62 摘 [   ]   63 礎 [   ]
64 何 [   ]   65 償 [   ]
66 讓 [   ]   67 紀 [   ]
68 拔 [   ]   69 愼 [   ]
70 債 [   ]   71 混 [   ]
72 仲 [   ]

03 다음 글에서 밑줄 친 單語를 漢字로 고쳐 쓰시오. (73~102)

- 당신이 최후[73]의 승리[74]를 원한다면 당신이 의지할 바는 정당[75]한 사실과 분명[76]한 진리[77]이다. — 지드
- 과로[78]한데도 불구하고 계속해서 일을 한다는 것은 결코 좋지 않다. 편안[79]히 쉬는 것은 무엇보다도 효과[80]있는 약이다. — 카네기
- 과학[81]기술[82] 기본계획은 국가의 미래[83]청사진으로 과학기술정책이 산업[84]정책으로, 그리고 경제[85]정책, 국가경쟁[86]력 강화[87]로 제대로 이어질 때 비로소 그 목표가 달성된다.
  — 곽재원 중앙일보 칼럼에서
- 참된 인격[88]은 사회에서 존경[89]을 받는 것만으로는 부족[90]하며 가정[91]에서도 존경을 받을 수 있어야 한다. — 몽테뉴
- 시를 쓰는 사람에게는 시집[92]이 악기[93]라고 설명한다. 시집을 읽기 위해서는 연주 연습을 하듯 특정한 시간[94]과 장소[95]를 정하지 않아도 된다.

• 국어순화문제는 <u>민족</u>⁽⁹⁶⁾<u>정신</u>⁽⁹⁷⁾과 <u>직결</u>⁽⁹⁸⁾되고 국민의 일체감을 갖게 하며 국민의 <u>주체</u>⁽⁹⁹⁾<u>의식</u>⁽¹⁰⁰⁾과 올바른 국민상 정립에 <u>근본</u>⁽¹⁰¹⁾이 되는 것으로 국적 있는 교육을 함에 있어 중요한 <u>책임</u>⁽¹⁰²⁾을 지는 것이라고 생각한다.

— 난정 남광우 문집Ⅱ 국어정책 69면

73 [   ] 74 [   ]
75 [   ] 76 [   ]
77 [   ] 78 [   ]
79 [   ] 80 [   ]
81 [   ] 82 [   ]
83 [   ] 84 [   ]
85 [   ] 86 [   ]
87 [   ] 88 [   ]
89 [   ] 90 [   ]
91 [   ] 92 [   ]
93 [   ] 94 [   ]
95 [   ] 96 [   ]
97 [   ] 98 [   ]
99 [   ] 100 [   ]
101 [   ] 102 [   ]

04 다음 漢字語 가운데 첫 音節이 長音으로 발음되는 것을 골라 그 번호를 쓰시오. (103~107)

103 ① 壓卷 ② 停年 ③ 聽取 ④ 料金 [   ]
104 ① 端雅 ② 告訴 ③ 英雄 ④ 核心 [   ]
105 ① 透視 ② 止揚 ③ 謝恩 ④ 牧童 [   ]
106 ① 誇示 ② 治積 ③ 標準 ④ 郵送 [   ]
107 ① 志望 ② 致詞 ③ 呼稱 ④ 紛失 [   ]

05 다음 漢字와 反對(또는 相對)되는 漢字를 써 넣어 漢字語를 만드시오. (108번은 한자어로 완성되지 않아도 좋음) (108~112)

108 拘 ↔ [   ]
109 緩 ↔ [   ]
110 [   ] ↔ 愚
111 [   ] ↔ 憎
112 [   ] ↔ 陽

06 다음 漢字語의 反對語(또는 相對語)를 漢字로 쓰시오. (113~117)

113 複雜 ↔ [   ][   ]
114 容易 ↔ [   ][   ]
115 支出 ↔ [   ][   ]
116 破壞 ↔ [   ][   ]
117 增進 ↔ [   ][   ]

07 다음 빈칸에 알맞은 漢字를 써 넣어 漢字語(四字成語)를 완성하시오. (118~127)

118 夫唱 [   ] 隨
119 拍掌大 [   ]
120 [   ] 陵桃源
121 身 [   ] 書判
122 [   ] 者一燈
123 深思熟 [   ]
124 窮 [   ] 之策
125 藥房甘 [   ]
126 [   ] 上空論
127 虛張 [   ] 勢

08 다음 漢字의 部首를 쓰시오. (128~132)

128 肖 [   ]

129 曾 [   ]

130 角 [   ]

131 半 [   ]

132 頭 [   ]

09 다음 漢字의 例에서 (133~137)의 뜻과 비슷한 漢字를 골라 그 번호를 써 넣으시오. (133~137)

例	① 觀	② 擔	③ 潔	④ 患
	⑤ 區	⑥ 吹	⑦ 禽	

133 淨   [   ]

134 鳥   [   ]

135 域   [   ]

136 覽   [   ]

137 荷   [   ]

10 다음 漢字語와 音은 같으나 뜻이 다른 漢字語를 쓰시오. (長短音과 무관) (138~142)

138 恒久 – [   ][   ] : 선박이 드나들거나 머물 수 있는 곳

139 可恐 – [   ][   ] : 원료나 재료 등에 사람의 힘을 들여 새로운 물건을 만드는 일

140 補修 – [   ][   ] : 이제까지 풍습, 전통, 제도 따위를 소중히 여겨 그것을 보존하려는 일

141 靑山 – [   ][   ] : 채권이나 채무 관계를 셈하여 깨끗이 정리함

142 小食 – [   ][   ] : 안부에 대한 기별이나 편지

11 다음 漢字語의 뜻을 쓰시오. (143~147)

143 頌辭   [   ]

144 流浪   [   ]

145 兩親   [   ]

146 避寒   [   ]

147 多寡   [   ]

12 다음 漢字의 略字를 쓰시오. (148~150)

148 藝 [   ]

149 發 [   ]

150 傳 [   ]

01 다음 漢字語의 讀音을 쓰시오. (1~25)

1 幼稚 [   ]   2 假裝 [   ]

3 抗拒 [   ]   4 懇曲 [   ]

5 肺病 [   ]   6 儉素 [   ]

7 奪還 [   ]   8 寧親 [   ]

9 空欄 [   ]   10 快走 [   ]

11 拳銃 [   ]   12 盜聽 [   ]

13 借用 [   ]   14 冬眠 [   ]

15 鬪鷄 [   ]   16 如何 [   ]

17 迫頭 [   ]   18 附屬 [   ]

19 潛伏 [   ]   20 宇宙 [   ]

21 修飾 [   ]   22 刺客 [   ]

23 昇降 [   ]   24 姿態 [   ]

25 亞聖 [   ]

02 다음 漢字의 음과 訓을 쓰시오. (26~52)

26 婢 [   ]   27 孟 [   ]

28 漠 [   ]   29 巧 [   ]

30 憶 [   ]   31 慣 [   ]

32 糖 [   ]   33 緊 [   ]

34 旦 [   ]   35 祕 [   ]

36 翼 [   ]   37 付 [   ]

38 緩 [   ]   39 幽 [   ]

40 荷 [   ]   41 篇 [   ]

42 衡 [   ]   43 畢 [   ]

44 彈 [   ]   45 吹 [   ]

46 徵 [   ]   47 炎 [   ]

48 著 [   ]   49 鎖 [   ]

50 軟 [   ]   51 卑 [   ]

52 免 [   ]

03 다음 밑줄 친 漢字語를 漢字로, 漢字는 한글로 쓰시오. (53~102)

미국 발 금융 위기를 契機[53]로 전 세계[54]적으로 시장[55]만능주의에 대한 반성이 일고 있다. 지난 대선에서 다수 국민은 노무현에 대한 반발로 이명박을 選擇[56]했지만, 이제 그 다수는 자신을 後悔[57]하고 있다. 그렇지만 민주 노동당과 진보신당 등 진보[58]정치[59]세력이 대안[60]세력으로 浮刻[61]되고 있지는 않다.

이에 진보정치 세력에 몇 가지 조언[62]을 하고자 한다. 첫째, 무한[63]경쟁[64]과 약육[65]강식[66]이 아닌 다른 사회적 원리[67]에 基礎[68]한 사회 運營[69]모델을 探究[70]하고 제시[71]하여, 보수[72]정당과 선명[73]히 구별[74]되는 비전을 제시하여야 한다. 동시[75]에 매카시즘적 선동과는 다른 脈絡[76]에서 진보의 꿈이 '친북수구'는 아닌지 성찰[77]해야 한다. 구소련권 나라나 북한의 통치 이데올로기를 남한 사회의 진보를 위한 이념으로 錯覺[78]하지 말아야 한다. 반전 평화[79]의 입장을 堅持[80]하면서도 동시에 북한 인권과 민주주의의 문제를 批判[81]하는 것을 두려워 말아야 한다.

둘째, 진보는 "20 대 80 사회"에서 苦痛[82]받는 다수[83]에게 순간순간 승리[84]의 경험과 기쁨을 줄 수 있어야 한다. 야구[85]용어를 빌리자면 '빅 볼'외에 '스몰 볼'도 보여 주며 점수를 올려야 한다. 그래야 선수도 應援團[86]도 신이 나고 자신감이 생긴다. 예컨대 두 진보 정당은 聯合[87]전선을 펴 "비정규직 철폐" "전면적 정규직 轉換[88]"을 강하게 외치고 있다. 그러나 이러한 主張[89]과 동시에 일자리를 늘리면서 '동일 노동[90], 동일 賃金[91]의 원칙'을 지키는 고용 戰略[92]을 제출하지 못한다면 진보 정치는 信賴[93]받지 못한다.

셋째, 진보는 우리가 21세기 대중 민주주의 사회에 살고 있다는 것을 <u>체득</u>⁽⁹⁴⁾해야 한다. 1987년 <u>憲法</u>⁽⁹⁵⁾체제가 성립된 지 26년이 흘렀지만, 진보정치세력의 활동 <u>방식</u>⁽⁹⁶⁾과 문화는 87년 이전 시대로부터 <u>해방</u>⁽⁹⁷⁾되지 못하고 있다.
<u>대중</u>⁽⁹⁸⁾운동과의 <u>관계</u>⁽⁹⁹⁾도 <u>변화</u>⁽¹⁰⁰⁾해야 한다. 마지막으로 진보는 <u>선의</u>⁽¹⁰¹⁾의 경쟁을 벌이며 2010년 지방자치선거를 당장 <u>준비</u>⁽¹⁰²⁾해야 한다.
– 경향신문 2008. 10. 30. 시론, 발췌

53 [   ]   54 [   ]
55 [   ]   56 [   ]
57 [   ]   58 [   ]
59 [   ]   60 [   ]
61 [   ]   62 [   ]
63 [   ]   64 [   ]
65 [   ]   66 [   ]
67 [   ]   68 [   ]
69 [   ]   70 [   ]
71 [   ]   72 [   ]
73 [   ]   74 [   ]
75 [   ]   76 [   ]
77 [   ]   78 [   ]
79 [   ]   80 [   ]
81 [   ]   82 [   ]
83 [   ]   84 [   ]
85 [   ]   86 [   ]
87 [   ]   88 [   ]
89 [   ]   90 [   ]
91 [   ]   92 [   ]
93 [   ]   94 [   ]
95 [   ]   96 [   ]
97 [   ]   98 [   ]
99 [   ]   100 [   ]
101 [   ]   102 [   ]

04 다음 漢字語 가운데 첫 音節이 長音으로 발음되는 것을 골라 그 번호를 쓰시오. (103~107)

103 ① 亂局 ② 街路 ③ 包含 ④ 難件   [   ]
104 ① 肝腸 ② 畫順 ③ 火葬 ④ 片影   [   ]
105 ① 正初 ② 倉卒 ③ 仲介 ④ 討伐   [   ]
106 ① 任務 ② 課程 ③ 陰德 ④ 粉骨   [   ]
107 ① 仕官 ② 點線 ③ 雅淡 ④ 尾骨   [   ]

05 다음 漢字와 반대 (또는 相對)되는 漢字를 써넣어 漢字語를 完成하시오. (108~112)

108 [   ] ↔ 夜
109 [   ] ↔ 否
110 需 ↔ [   ]
111 [   ] ↔ 常
112 [   ] ↔ 吸

06 다음 漢字語의 反對語(또는 相對語)를 漢字로 쓰시오. (113~117)

113 [   ][   ] ↔ 消滅
114 [   ][   ] ↔ 遠隔
115 [   ][   ] ↔ 現象
116 處女 ↔ [   ][   ]
117 中止 ↔ [   ][   ]

07 다음 빈 칸에 알맞은 漢字를 써 넣어 漢字語(成語)를 完成하시오. (118~127)

118 風 [   ] 之歎
119 通過 [   ] 儀
120 泰山北 [   ]
121 波 [   ] 攻擊
122 [   ] 家亡身
123 [   ] 帳馬車
124 必有事 [   ]

125 [　]載一遇

126 [　]足不辱

127 紅顔薄[　]

08 다음 漢字의 部首를 쓰시오. (128~132)

128 幹 [　　　]

129 求 [　　　]

130 業 [　　　]

131 與 [　　　]

132 重 [　　　]

09 다음 漢字의 例에서 (133~137)의 뜻과 비슷한 漢字를 골라 그 번호를 써 넣으시오. (133~137)

例	① 樓　② 極　③ 陵　④ 設 ⑤ 說　⑥ 尙　⑦ 宗

133 盡　　　　[　]

134 閣　　　　[　]

135 施　　　　[　]

136 丘　　　　[　]

137 崇　　　　[　]

10 다음 漢字語와 음이 같으며, 다음 풀이에 알맞은 漢字語를 쓰시오. (138~142)

138 晩花 : 온갖 재화　　　　[　　　]

139 簡單 : 잠깐 그침　　　　[　　　]

140 段階 : 얕은 꾀　　　　　[　　　]

141 驚起 : 경제 상태　　　　[　　　]

142 才智재 : 해가 생긴 곳　[　　　]

11 다음 漢字語의 뜻을 쓰시오. (143~147)

143 觀覽　　[　　　　　　　]

144 圖謀　　[　　　　　　　]

145 辭緣　　[　　　　　　　]

146 摘要　　[　　　　　　　]

147 普及　　[　　　　　　　]

다음 漢字의 略字를 쓰시오. (148~150)

148 價 [　　　]

149 師 [　　　]

150 榮 [　　　]

수험번호 ☐☐☐-☐☐-☐☐☐☐　　　**성명** ☐☐☐☐☐

생년월일 ☐☐☐☐☐☐　　　　　※ 유성 싸인펜, 붉은색 필기구 사용 불가.

※ 답안지는 컴퓨터로 처리되므로 구기거나 더럽히지 마시고, 정답 칸 안에만 쓰십시오. 글씨가 채점란으로 들어오면 오답처리가 됩니다.

제　　회 전국한자능력검정시험 3급Ⅱ 답안지(1)　(시험시간 60분)

번호	정답	1검	2검	번호	정답	1검	2검	번호	정답	1검	2검
1				24				47			
2				25				48			
3				26				49			
4				27				50			
5				28				51			
6				29				52			
7				30				53			
8				31				54			
9				32				55			
10				33				56			
11				34				57			
12				35				58			
13				36				59			
14				37				60			
15				38				61			
16				39				62			
17				40				63			
18				41				64			
19				42				65			
20				43				66			
21				44				67			
22				45				68			
23				46				69			

	감독위원	채점위원(1)		채점위원(2)		채점위원(3)	
	(서명)	(득점)	(서명)	(득점)	(서명)	(득점)	(서명)

※ 뒷면으로 이어짐

※ 답안지는 컴퓨터로 처리되므로 구기거나 더럽히지 마시고, 정답 칸 안에만 쓰십시오. 글씨가 채점란으로 들어오면 오답처리가 됩니다.

제　　회 전국한자능력검정시험 3급Ⅱ 답안지(2)

번호	정답	1검	2검	번호	정답	1검	2검	번호	정답	1검	2검
70				97				124			
71				98				125			
72				99				126			
73				100				127			
74				101				128			
75				102				129			
76				103				130			
77				104				131			
78				105				132			
79				106				133			
80				107				134			
81				108				135			
82				109				136			
83				110				137			
84				111				138			
85				112				139			
86				113				140			
87				114				141			
88				115				142			
89				116				143			
90				117				144			
91				118				145			
92				119				146			
93				120				147			
94				121				148			
95				122				149			
96				123				150			

제 회 전국한자능력검정시험 3급Ⅱ 답안지(1)　(시험시간 60분)

※ 답안지는 컴퓨터로 처리되므로 구기거나 더럽히지 마시고, 정답 칸 안에만 쓰십시오. 글씨가 채점란으로 들어오면 오답처리가 됩니다.

※ 유성 싸인펜, 붉은색 필기구 사용 불가.

수험번호　□□□ - □□ - □□□□

성명　□ □□□□

성명검인　□□□□□

번호	정답	채점란 1검	채점란 2검	번호	정답	채점란 1검	채점란 2검	번호	정답	채점란 1검	채점란 2검
1				24				47			
2				25				48			
3				26				49			
4				27				50			
5				28				51			
6				29				52			
7				30				53			
8				31				54			
9				32				55			
10				33				56			
11				34				57			
12				35				58			
13				36				59			
14				37				60			
15				38				61			
16				39				62			
17				40				63			
18				41				64			
19				42				65			
20				43				66			
21				44				67			
22				45				68			
23				46				69			

감독위원	채점위원(1)		채점위원(2)		채점위원(3)	
(서명)	(득점)	(서명)	(득점)	(서명)	(득점)	(서명)

※ 뒷면으로 이어짐

※ 답안지는 컴퓨터로 처리되므로 구기거나 더럽히지 마시고, 정답 칸 안에만 쓰십시오. 글씨가 채점란으로 들어오면 오답처리가 됩니다.

제　　회 전국한자능력검정시험 3급Ⅱ 답안지(2)

번호	답안란 정답	채점란 1검	채점란 2검	번호	답안란 정답	채점란 1검	채점란 2검	번호	답안란 정답	채점란 1검	채점란 2검
70				97				124			
71				98				125			
72				99				126			
73				100				127			
74				101				128			
75				102				129			
76				103				130			
77				104				131			
78				105				132			
79				106				133			
80				107				134			
81				108				135			
82				109				136			
83				110				137			
84				111				138			
85				112				139			
86				113				140			
87				114				141			
88				115				142			
89				116				143			
90				117				144			
91				118				145			
92				119				146			
93				120				147			
94				121				148			
95				122				149			
96				123				150			

제5회
(社) 한국어문회 주관·한국한자능력검정회 시행
한자능력검정시험 3급Ⅱ 예상문제

문 항 수 : 150문항
합격문항 : 105문항
제한시간 : 60분

01 다음 漢字語의 讀音을 쓰시오. (1~45)

1 靜肅 [   ]   2 虛妄 [   ]
3 納涼 [   ]   4 概觀 [   ]
5 補職 [   ]   6 觸覺 [   ]
7 猶豫 [   ]   8 丹粧 [   ]
9 啓蒙 [   ]   10 浸透 [   ]
11 肖像 [   ]   12 徵候 [   ]
13 愚直 [   ]   14 激甚 [   ]
15 微量 [   ]   16 繁盛 [   ]
17 屈折 [   ]   18 抗訴 [   ]
19 封鎖 [   ]   20 累積 [   ]
21 姿態 [   ]   22 疲困 [   ]
23 緩行 [   ]   24 隨筆 [   ]
25 倒産 [   ]   26 銘記 [   ]
27 浮刻 [   ]   28 祭需 [   ]
29 彼岸 [   ]   30 述懷 [   ]
31 追更 [   ]   32 碧眼 [   ]
33 混亂 [   ]   34 抵當 [   ]
35 沒頭 [   ]   36 懇請 [   ]
37 削除 [   ]   38 謙讓 [   ]
39 危殆 [   ]   40 換拂 [   ]
41 莫強 [   ]   42 肥滿 [   ]
43 舍廊 [   ]   44 香爐 [   ]
45 樓閣 [   ]

02 다음 漢字의 音과 訓을 쓰시오. (46~72)

46 側 [   ]   47 顯 [   ]
48 芳 [   ]   49 邪 [   ]
50 構 [   ]   51 但 [   ]
52 御 [   ]   53 付 [   ]
54 條 [   ]   55 畢 [   ]
56 寧 [   ]   57 祿 [   ]
58 奮 [   ]   59 飾 [   ]
60 橫 [   ]   61 遇 [   ]
62 仲 [   ]   63 綿 [   ]
64 盤 [   ]   65 旬 [   ]
66 戚 [   ]   67 湯 [   ]
68 胞 [   ]   69 賃 [   ]
70 勤 [   ]   71 督 [   ]
72 償 [   ]

03 다음 밑줄 친 漢字語를 漢字로 쓰시오. (73~102)

• 노동[73]계가 임금을 현 수준[74]에서 묶거나 줄이고 인사[75]·경영권을 침해[76]하거나 참여를 요구[77]하지 않겠다고 선언했다.

— 중앙일보 2009.02.24

• 대학에서 제대로 학문을 연구[78]하고 진리[79]를 탐구하기 위해서는 과거[80]학자들이 한자어로 이루어 놓은 학문체계를 무시[81]할 수 없으며 자기의 사상[82]과 감정[83]을 표현[84] 전달[85]하는 데 부족함이 없는 국어 능력을 지니기 위해서는 한자교육이 필요하다.

— 어문총서 1-2, 한자교육론

• 한자는 단순[86]한 문자로서의 기능만이 아니라 이것을 습득[87]하는 과정에서 인간의 심성[88]을 순화시켜 주는 신비로운 기능도 보유[89]한다.

— 어문총서 1-2, 한자교육론

• 신문[90]의 구실은 사실을 정확[91] 신속히 보도[92]하고 여론을 일으켜 그 선구적인 지도[93]자의 구실을 하는 것이다.

— 어문총서 1-1, 국한혼용론

• 우리에게는 <u>대하</u>^[94]처럼 도도히 흐르는 우리의 찬란한 전통문화를 길이 계승할 <u>책임</u>^[95]과 <u>의무</u>^[96]가 있다.   – 어문총서 1-1, 국한혼용론

• <u>통신</u>^[97]수단의 발달에 따라 인공<u>위성</u>^[98]등을 통하여 옛날에는 상상도 못하였던 먼 거리에도 의사 전달이 가능하게 되었다.
    – 어문총서 1-2, 한자교육론

• 심리치료는 약과 <u>조화</u>^[99]를 이루며 <u>효과</u>^[100]를 낼 수 있다. 통증이 있다면 <u>약물</u>^[101]로 통증을 완화해서 <u>건강</u>^[102]에 강하게 집중하는데 도움을 받을 수 있다.   – 론다 번, 시크릿

73 [   ]   74 [   ]
75 [   ]   76 [   ]
77 [   ]   78 [   ]
79 [   ]   80 [   ]
81 [   ]   82 [   ]
83 [   ]   84 [   ]
85 [   ]   86 [   ]
87 [   ]   88 [   ]
89 [   ]   90 [   ]
91 [   ]   92 [   ]
93 [   ]   94 [   ]
95 [   ]   96 [   ]
97 [   ]   98 [   ]
99 [   ]   100 [   ]
101 [   ]   102 [   ]

04 다음 漢字語 가운데 첫 音節이 長音으로 발음되는 것을 골라 그 번호를 쓰시오. (103~107)

103 ① 證券 ② 恒常 ③ 異變 ④ 防止 [   ]
104 ① 到着 ② 耕作 ③ 浴室 ④ 戲曲 [   ]
105 ① 密林 ② 創刊 ③ 乘船 ④ 嚴格 [   ]
106 ① 全貌 ② 寄附 ③ 統治 ④ 割增 [   ]
107 ① 稱頌 ② 依支 ③ 突風 ④ 審判 [   ]

05 다음 漢字와 反對(또는 相對)되는 漢字를 써넣어 漢字語를 완성하시오. (108~112)

108 [   ] ↔ 婦
109 [   ] ↔ 陽
110 [   ] ↔ 敗
111 [   ] ↔ 伏
112 順 ↔ [   ]

06 다음 漢字語의 反對語(또는 相對語)를 漢字로 쓰시오. (113~117)

113 容易 ↔ [   ]
114 加重 ↔ [   ]
115 破壞 ↔ [   ]
116 質疑 ↔ [   ]
117 遠隔 ↔ [   ]

07 다음 빈칸에 알맞은 漢字를 써 넣어 漢字語(故事成語)를 完成하시오. (118~127)

118 甘言 [   ] 說
119 晩 [   ] 之歎
120 [   ] 氣衝天
121 立身揚 [   ]
122 [   ] 上空論
123 漸入佳 [   ]
124 勿失 [   ] 機
125 [   ] 山幽谷
126 森 [   ] 萬象
127 日就月 [   ]

08 다음 한자어의 部首를 쓰시오. (128~132)

128 差 [   ]

129 雅 [   ]

130 農 [   ]

131 照 [   ]

132 畫 [   ]

09 다음 漢字의 例에서 (133~137)의 뜻과 비슷한 漢字를 골라 그 번호를 써 넣으시오. (133~137)

例	① 旋	② 促	③ 望	④ 泰
	⑤ 旅	⑥ 窮	⑦ 組	

133 希　　　　[   ]

134 盡　　　　[   ]

135 催　　　　[   ]

136 織　　　　[   ]

137 巡　　　　[   ]

10 다음 漢字語와 음이 같으며, 다음 풀이에 알맞은 漢字語를 쓰시오. (138~142)

138 壽福 – [   ][   ] : 잃었던 땅을 도로 찾음

139 同化 – [   ][   ] : 어린이를 대상으로 지은 이야기

140 地籍 – [   ][   ] : 지식이나 지성에 관한 것

141 古詩 – [   ][   ] : 국가기관이나 공공단체 등에서 일반에게 알리는 일

142 軟禁 – [   ][   ] : 정부나 회사가 해마다 정기적으로 지급하는 돈

11 다음 漢字語의 뜻을 쓰시오. (143~147)

143 遷都　　　　[   ]

144 端緒　　　　[   ]

145 前兆　　　　[   ]

146 徒步　　　　[   ]

147 礎石　　　　[   ]

12 다음 漢字의 略字를 쓰시오. (148~150)

148 實 [   ]

149 關 [   ]

150 禮 [   ]

01 다음 漢字語의 讀音을 쓰시오. (1~25)

1	浪費 [ ]	2	獨創 [ ]
3	微小 [ ]	4	儉素 [ ]
5	扶桑 [ ]	6	白髮 [ ]
7	快調 [ ]	8	特殊 [ ]
9	紅顔 [ ]	10	本質 [ ]
11	滅亡 [ ]	12	隆盛 [ ]
13	貸付 [ ]	14	淺薄 [ ]
15	乘降 [ ]	16	抑揚 [ ]
17	廢止 [ ]	18	寡慾 [ ]
19	尊嚴 [ ]	20	贊否 [ ]
21	縮刷 [ ]	22	沒殺 [ ]
23	吏屬 [ ]	24	損益 [ ]
25	削除 [ ]		

02 다음 漢字의 音과 訓을 쓰시오. (26~52)

26 波 [ ]	27 隱 [ ]
28 跡 [ ]	29 抵 [ ]
30 葬 [ ]	31 殘 [ ]
32 賃 [ ]	33 維 [ ]
34 悠 [ ]	35 委 [ ]
36 優 [ ]	37 誤 [ ]
38 迎 [ ]	39 息 [ ]
40 侍 [ ]	41 待 [ ]
42 持 [ ]	43 唐 [ ]
44 泥 [ ]	45 緊 [ ]
46 繁 [ ]	47 履 [ ]
48 裏 [ ]	49 鳴 [ ]
50 荷 [ ]	51 何 [ ]
52 標 [ ]	

03 다음 밑줄 친 漢字語는 漢字로, 漢字語는 讀音을 쓰시오. (53~102)

- "Green is green." 제프리 이멜트 GE회장의 유명한 말이다. 앞의 그린은 녹색[53] 環境[54]을, 뒤의 그린은 돈을 뜻한다. 이멜트 회장은 친환경 經營[55] 전략인 에코매지네이션을 企業[56] 선두[57]에 내세웠다. 이 말은 想像[58]을 현실[59]로 만드는 힘을 결합[60]한 용어로 회사의 비전 자체[61]에 녹색성장을 含蓄[62]했다. 제조[63]업과 금융업 중심의 GE가 그린을 새로운 성장 동력으로 내세운 것은 氣候[64] 변화[65]가 물, 食糧[66] 부족[67]과 환경문제는 물론 영토[68]문제 등 多樣[69]한 분야[70]에서 해결책을 찾아야 하는 '글로벌 사회정치적 이슈'로 浮上[71]할 것으로 예상되기 때문이다. 중국의 경우 빙하[72]가 녹아 해수면이 상승하면 인구의 3분의 1이 다른 곳으로 이주[73]해야 한다. 하지만 국제사회가 選擇[74]할 수 있는 대응방법은 탄소를 排出[75]하는 화석 燃料[76]를 녹색 에너지로 바꾸는 것만이 유일하다. 이 모든 狀況[77]은 산업경제구조의 劃期[78]적인 변화를 招來[79]한다. 선진국들은 대변혁의 소용돌이를 앞두고 주도권[80]을 잡기 위해 대대적인 그린 投資[81]를 敢行[82]하며 총성[83]없는 '그린 전쟁'을 벌이고 있다. 특히 '녹색뉴딜'을 통한 일자리 창출이라는 당근과 함께 탄소 규제[84]라는 채찍을 동시에 쓰고 있다. － 5. 7. 서울경제 시론 발췌
- "고향[85]친지[86]의 빈소에서 이야기를 나누던 중 '한 어른이 돌아가시면 그분의 머릿속에 기록[87]된 역사[88]가 동시[89]에 사라진다.'는 말에 공감[90]하게 됐다." 그는 평범한 삶을 살아온 자신이 왜 자서전을 쓰는지를 이렇게 설명했다. 김이욱씨가 자서전 '고빗길에서 만난 사람들'을 펴낸 것은 39년간 몸담았던 직장[91]에서 퇴직한 이후[92]인 2005년이었다. 이 책에는 김씨 가족[93]의 작지만 소중[94]했던 追憶[95]들이 담겨 있다.

• 요즘 서점⁽⁹⁶⁾에 가면 아이돌 그룹, 공부⁽⁹⁷⁾잘 하는 수재, 재테크 성공자 등의 경험담을 실은 책들이 앞줄에 꽂혀 있다. 콘텐트가 다양해졌다는 점에선 반가운 일이다. 아쉬운 것은 세속⁽⁹⁸⁾의 성공에 기대지 않고 인생을 진솔하게 整理⁽⁹⁹⁾한 자서전이 눈에 띄지 않는다는 점이다. 자서전의 참된 의미⁽¹⁰⁰⁾는 세월의 흐름 속에 잊혀져갈 당대⁽¹⁰¹⁾의 삶과 육성을 후대에 남기는 데 있는 것이 아닐까. 40대에 시한부 삶을 宣告⁽¹⁰²⁾받은 미국 카네기멜런대학 교수 랜디 포시가 숨지기 전 '마지막 강의'를 하고, 자서전을 낸 것은 '부모로서의 욕심' 때문이었다.   – 5. 8. 중앙일보, 분수대 발췌

53 [   ]   54 [   ]
55 [   ]   56 [   ]
57 [   ]   58 [   ]
59 [   ]   60 [   ]
61 [   ]   62 [   ]
63 [   ]   64 [   ]
65 [   ]   66 [   ]
67 [   ]   68 [   ]
69 [   ]   70 [   ]
71 [   ]   72 [   ]
73 [   ]   74 [   ]
75 [   ]   76 [   ]
77 [   ]   78 [   ]
79 [   ]   80 [   ]
81 [   ]   82 [   ]
83 [   ]   84 [   ]
85 [   ]   86 [   ]
87 [   ]   88 [   ]
89 [   ]   90 [   ]
91 [   ]   92 [   ]
93 [   ]   94 [   ]
95 [   ]   96 [   ]

97 [   ]   98 [   ]
99 [   ]   100 [   ]
101 [   ]   102 [   ]

04 다음 漢字語 가운데 첫 音節이 長音으로 발음되는 것을 골라 그 번호를 쓰시오. (103~107)

103 ① 粧飾 ② 丈母 ③ 賣買 ④ 盜用 [   ]
104 ① 滿面 ② 丹粧 ③ 口錢 ④ 燒盡 [   ]
105 ① 射擊 ② 未安 ③ 倍率 ④ 孫女 [   ]
106 ① 怨望 ② 陰地 ③ 沿岸 ④ 暫間 [   ]
107 ① 將次 ② 討伐 ③ 布木 ④ 任務 [   ]

05 다음 漢字와 反對(또는 相對)되는 漢字를 써넣어 漢字語를 완성하시오. (108~112)

108 [   ] ↔ 喪
109 姑 ↔ [   ]
110 [   ] ↔ 舊
111 豊 ↔ [   ]
112 [   ] ↔ 亂

06 다음 漢字語의 反對語(또는 相對語)를 漢字로 쓰시오. (113~117)

113 複雜 ↔ [   ]
114 破壞 ↔ [   ]
115 外延 ↔ [   ]
116 閉鎖 ↔ [   ]
117 增加 ↔ [   ]

07 다음 빈칸에 알맞은 漢字를 써 넣어 漢字語를 完成하시오. (118~127)

118 人生無[　]

119 己[　]之事

120 英[　]豪傑

121 非[　]橫死

122 明若[　]火

123 東奔西[　]

124 孤[　]奮鬪

125 毛[　]血管

126 喜[　]哀樂

127 [　]天儀式

08 다음 漢字語의 部首를 쓰시오. (128~132)

128 幽[　　]

129 商[　　]

130 愛[　　]

131 具[　　]

132 求[　　]

09 다음 漢字의 例에서 (133~137)의 뜻과 비슷한 漢字를 골라 그 번호를 써 넣으시오. (133~137)

例	① 漠　　② 居　　③ 劍　　④ 羅 ⑤ 裝　　⑥ 典　　⑦ 透		

133 留　　　　[　]

134 廣　　　　[　]

135 列　　　　[　]

136 籍　　　　[　]

137 浸　　　　[　]

10 다음 漢字語와 음이 같으며, 다음 풀이에 알맞은 漢字語를 쓰시오. (138~142)

138 秀才 − [　][　] : 큰물로 인한 재앙

139 刻刀 − [　][　] : 각의 크기

140 耕起 − [　][　] : 서로 기술의 낫고 못함을 겨룸

141 遠視 − [　][　] : 처음, 시초

142 敵機 − [　][　] : 붉은 깃발

11 다음 漢字語의 뜻을 쓰시오. (143~147)

143 割去　　　[　　　　　　　]

144 窮塞　　　[　　　　　　　]

145 倒置　　　[　　　　　　　]

146 祕訣　　　[　　　　　　　]

147 偶然　　　[　　　　　　　]

12 다음 漢字의 略字를 쓰시오. (148~150)

148 讀[　　　　]

149 數[　　　　]

150 戰[　　　　]

수험번호 □□□-□□-□□□□　　　　　**성명** □□□□□

생년월일 □□□□□□

※ 유성 싸인펜, 붉은색 필기구 사용 불가.

※ 답안지는 컴퓨터로 처리되므로 구기거나 더럽히지 마시고, 정답 칸 안에만 쓰십시오. 글씨가 채점란으로 들어오면 오답처리가 됩니다.

제　　회 전국한자능력검정시험 3급Ⅱ 답안지(1)　(시험시간 60분)

번호	정답	1검	2검	번호	정답	1검	2검	번호	정답	1검	2검
1				24				47			
2				25				48			
3				26				49			
4				27				50			
5				28				51			
6				29				52			
7				30				53			
8				31				54			
9				32				55			
10				33				56			
11				34				57			
12				35				58			
13				36				59			
14				37				60			
15				38				61			
16				39				62			
17				40				63			
18				41				64			
19				42				65			
20				43				66			
21				44				67			
22				45				68			
23				46				69			

감독위원	채점위원(1)	채점위원(2)	채점위원(3)
(서명)	(득점) (서명)	(득점) (서명)	(득점) (서명)

※ 뒷면으로 이어짐

※ 답안지는 컴퓨터로 처리되므로 구기거나 더럽히지 마시고, 정답 칸 안에만 쓰십시오. 글씨가 채점란으로 들어오면 오답처리가 됩니다.

제　　회 전국한자능력검정시험 3급Ⅱ 답안지(2)

번호	정답	1검	2검	번호	정답	1검	2검	번호	정답	1검	2검
70				97				124			
71				98				125			
72				99				126			
73				100				127			
74				101				128			
75				102				129			
76				103				130			
77				104				131			
78				105				132			
79				106				133			
80				107				134			
81				108				135			
82				109				136			
83				110				137			
84				111				138			
85				112				139			
86				113				140			
87				114				141			
88				115				142			
89				116				143			
90				117				144			
91				118				145			
92				119				146			
93				120				147			
94				121				148			
95				122				149			
96				123				150			

수험번호 □□□-□□-□□□□　　　　　**성명** □□□□□

생년월일 □□□□□□

※ 유성 싸인펜, 붉은색 필기구 사용 불가.

※ 답안지는 컴퓨터로 처리되므로 구기거나 더럽히지 마시고, 정답 칸 안에만 쓰십시오. 글씨가 채점란으로 들어오면 오답처리가 됩니다.

제　　회 전국한자능력검정시험 3급Ⅱ 답안지(1)　(시험시간 60분)

번호	정답	1검	2검	번호	정답	1검	2검	번호	정답	1검	2검
1				24				47			
2				25				48			
3				26				49			
4				27				50			
5				28				51			
6				29				52			
7				30				53			
8				31				54			
9				32				55			
10				33				56			
11				34				57			
12				35				58			
13				36				59			
14				37				60			
15				38				61			
16				39				62			
17				40				63			
18				41				64			
19				42				65			
20				43				66			
21				44				67			
22				45				68			
23				46				69			

감독위원	채점위원(1)		채점위원(2)		채점위원(3)	
(서명)	(득점)	(서명)	(득점)	(서명)	(득점)	(서명)

※ 뒷면으로 이어짐

※ 답안지는 컴퓨터로 처리되므로 구기거나 더럽히지 마시고, 정답 칸 안에만 쓰십시오. 글씨가 채점란으로 들어오면 오답처리가 됩니다.

제　　회 전국한자능력검정시험 3급Ⅱ 답안지(2)

번호	정답	1검	2검	번호	정답	1검	2검	번호	정답	1검	2검
70				97				124			
71				98				125			
72				99				126			
73				100				127			
74				101				128			
75				102				129			
76				103				130			
77				104				131			
78				105				132			
79				106				133			
80				107				134			
81				108				135			
82				109				136			
83				110				137			
84				111				138			
85				112				139			
86				113				140			
87				114				141			
88				115				142			
89				116				143			
90				117				144			
91				118				145			
92				119				146			
93				120				147			
94				121				148			
95				122				149			
96				123				150			

01 다음 漢字의 讀音을 쓰시오. (1~31)

1 詳細 [   ]   2 華麗 [   ]

3 思索 [   ]   4 醉客 [   ]

5 踏査 [   ]   6 暖房 [   ]

7 猛獸 [   ]   8 弄談 [   ]

9 餘興 [   ]   10 豪傑 [   ]

11 憤痛 [   ]   12 祕策 [   ]

13 換率 [   ]   14 浮沈 [   ]

15 勸奬 [   ]   16 卽位 [   ]

17 炭鑛 [   ]   18 鉛筆 [   ]

19 逃避 [   ]   20 誘惑 [   ]

21 危殆 [   ]   22 致賀 [   ]

23 指壓 [   ]   24 消滅 [   ]

25 悠久 [   ]   26 祭壇 [   ]

27 奉養 [   ]   28 假飾 [   ]

29 覺悟 [   ]   30 潛跡 [   ]

31 薄氷 [   ]

02 다음 漢字의 音과 訓을 쓰시오. (32~58)

32 舊 [   ]   33 鷄 [   ]

34 街 [   ]   35 克 [   ]

36 珍 [   ]   37 疏 [   ]

38 倫 [   ]   39 嶺 [   ]

40 眠 [   ]   41 脈 [   ]

42 夢 [   ]   43 聞 [   ]

44 班 [   ]   45 碧 [   ]

46 補 [   ]   47 皇 [   ]

48 附 [   ]   49 拂 [   ]

50 寺 [   ]   51 斜 [   ]

52 喪 [   ]   53 署 [   ]

54 惜 [   ]   55 選 [   ]

56 續 [   ]   57 愁 [   ]

58 衛 [   ]

03 다음 글에서 밑줄 친 單語 가운데, 漢字는 한글로, 한글은 漢字로 고쳐 쓰시오. (59~102)

- 여름방학[59] 중인 많은 대학들이 외부강사[60]를 招請[61]해 한자 특강을 열고 학생들은 스터디 모임까지 만들어 한자 익히기에 열심[62]이라고 한다. 최근[63] 企業[64]들이 新入[65] 社員[66]을 뽑을 때 한자실력을 중시[67]하기 시작[68]한 데서 비롯된 現象[69]이다.

             － 2006.8.8 〈조선일보〉 사설에서

- 2006년 한국사회를 整理[70]하는 사자성어로 '하늘에 구름만 빽빽하고 비가 되어 내리지 못하는 상태[71]'를 뜻하는 '밀운불우[72]'가 선정됐다. 밀운불우는 周易[73]에 나오는 말로서, 與件[74]은 조성되었으나 일이 성사되지 않아 답답함과 불만이 폭발[75]할 것 같은 상황을 나타낸다. 滯症[76]에 걸린 듯 순탄하게 풀리지 않는 한국의 정치[77]와 경제[78], 東北亞[79] 정세[80]는 이번 선정의 가장 큰 배경[81]이다.

  이 외에, 어설픈 改革[82]으로 오히려 나라가 흔들렸음을 의미[83]하는 '교각살우'(22.1%), 한국사회의 모순이 해결[84]될 전망[85]이 보이질 않는 것을 비유한 '만사휴의'(11.1%)가 그 뒤를 이었다.

             － 2006.12.18 교수신문에서

- 새로운 시작이 갖는 의미는 늘 각별[86]하다. 매년 새해를 맞아 하는 다짐은 새로운 시작을 스스로에게 刻印[87]시키는 성[88]스러운 의식이

다. 설사 연초의 다짐을 다 지키지 못하더라도 무언가를 시작한다는 것 <u>자체</u>[89]가 중요하다. 시작이 없으면 끝도 없고, 성취도 없다. (……)

시작의 중요성을 <u>극단</u>[90]적으로 <u>강조</u>[91]한 이론이 '나비 <u>효과</u>[92]'다. 미국의 기상학자 에드워드 로렌츠가 기상<u>관측</u>[93]에서 <u>고안</u>[94]해 낸 이 원리는 '<u>초기</u>[95] <u>條件</u>[96]'에 대한 민감한 <u>依存</u>[97]성'을 강조한다. 처음의 작은 <u>變化</u>[98]에서 엄청난 결과가 초래될 수 있다는 것이다.
　　　－〈분수대〉, 중앙일보, 2007.1.2)(김종수, 〈분수대〉, '시작'에서(중앙일보, 2007.1.2)

• <u>豫言</u>[99]이란 <u>미래</u>[100]의 점복이 아니라 <u>필연</u>[101]적인 현재의 갈망 내내 <u>정직</u>[102]한 인류의 고백이다.
　　　　　　－ 최재서〈풍자문학론〉에서

59 [ ]	60 [ ]
61 [ ]	62 [ ]
63 [ ]	64 [ ]
65 [ ]	66 [ ]
67 [ ]	68 [ ]
69 [ ]	70 [ ]
71 [ ]	72 [ ]
73 [ ]	74 [ ]
75 [ ]	76 [ ]
77 [ ]	78 [ ]
79 [ ]	80 [ ]
81 [ ]	82 [ ]
83 [ ]	84 [ ]
85 [ ]	86 [ ]
87 [ ]	88 [ ]
89 [ ]	90 [ ]
91 [ ]	92 [ ]
93 [ ]	94 [ ]
95 [ ]	96 [ ]

97 [ ]	98 [ ]
99 [ ]	100 [ ]
101 [ ]	102 [ ]

04 다음 漢字語 가운데 첫 音節이 長音으로 발음되는 것을 골라 그 번호를 쓰시오. (103~107)

103 ① 燃燒　② 低溫　③ 飛行　④ 歡呼　[ ]
104 ① 弊習　② 忽待　③ 雄據　④ 盲從　[ ]
105 ① 孤島　② 裝置　③ 伯仲　④ 敗訴　[ ]
106 ① 謝過　② 移職　③ 卓見　④ 含蓄　[ ]
107 ① 陣營　② 繁昌　③ 路邊　④ 激烈　[ ]

05 다음 漢字와 反對(또는 相對)되는 漢字를 써넣어 漢字語를 만드시오. (108~112)

108 [ ] ↔ 賤
109 [ ] ↔ 海
110 [ ] ↔ 凶
111 [ ] ↔ 閉
112 [ ] ↔ 私

06 다음 漢字語의 反對語(또는 相對語)를 漢字로 쓰시오. (113~117)

113 實質 ↔ [ ]
114 [ ] ↔ 暗黑
115 切斷 ↔ [ ]
116 增進 ↔ [ ]
117 權利 ↔ [ ]

07 다음 빈칸에 알맞은 漢字를 써 넣어 漢字語(故事成語)를 完成하시오. (118~127)

118 雪上[ ]霜
119 我田[ ]水
120 [ ]山幽谷
121 夫[ ]婦隨
122 錦衣還[ ]

123 輕[　]妄動

124 高臺[　]室

125 衆口難[　]

126 [　]氣衝天

127 九牛一[　]

08 다음 漢字의 部首를 쓰시오. (128~132)

128 卒[　　　]

129 同[　　　]

130 幹[　　　]

131 承[　　　]

132 申[　　　]

09 다음 漢字의 〈例〉에서 (133~137)의 뜻과 비슷한 漢字를 골라 그 번호를 써 넣으시오. (133~137)

例	① 送　② 兒　③ 監　④ 批 ⑤ 徒　⑥ 哀　⑦ 亂

133 覽　　　　　[　]

134 紛　　　　　[　]

135 悲　　　　　[　]

136 童　　　　　[　]

137 隊　　　　　[　]

10 다음 漢字語와 음은 같으나, 풀이와 같은 뜻을 가진 漢字語를 쓰시오. (長短音과 무관) (138~142)

138 時空 – [　][　] : 공사를 시행함

139 記述 – [　][　] : 어떤 일을 정확하고 능률적으로 해내는 솜씨

140 稅收 – [　][　] : 얼굴을 씻음

141 與信 – [　][　] : 여성 신

142 無用 – [　][　] : 싸움에서 날쌔고 용맹스러움

11 다음 漢字語의 뜻을 쓰시오. (143~147)

143 紅裳　　　[　　　　　　　]

144 美貌　　　[　　　　　　　]

145 忍耐　　　[　　　　　　　]

146 歸家　　　[　　　　　　　]

147 喜悅　　　[　　　　　　　]

12 다음 漢字의 略字를 쓰시오. (148~150)

148 處[　　　]

149 禮[　　　]

150 寶[　　　]

01 다음 漢字의 讀音을 쓰시오. (1~32)

1	刻苦 [ ]	2	書簡 [ ]
3	丘陵 [ ]	4	仲介 [ ]
5	哀哭 [ ]	6	虛構 [ ]
7	卑屈 [ ]	8	更生 [ ]
9	破壞 [ ]	10	鼓吹 [ ]
11	本貫 [ ]	12	戒律 [ ]
13	採鑛 [ ]	14	病菌 [ ]
15	超克 [ ]	16	緊急 [ ]
17	忍耐 [ ]	18	寧日 [ ]
19	承諾 [ ]	20	腦裏 [ ]
21	茶禮 [ ]	22	元旦 [ ]
23	荒唐 [ ]	24	陶瓦 [ ]
25	羅列 [ ]	26	裂傷 [ ]
27	蟲媒 [ ]	28	批判 [ ]
29	沙漠 [ ]	30	森林 [ ]
31	愼重 [ ]	32	待遇 [ ]

02 다음 漢字의 음과 訓을 쓰시오. (33~59)

33	歌 [ ]	34	轉 [ ]
35	專 [ ]	36	覺 [ ]
37	圍 [ ]	38	繁 [ ]
39	干 [ ]	40	認 [ ]
41	懇 [ ]	42	偶 [ ]
43	甚 [ ]	44	豫 [ ]
45	裳 [ ]	46	槪 [ ]
47	訣 [ ]	48	費 [ ]
49	謙 [ ]	50	拂 [ ]
51	械 [ ]	52	尾 [ ]
53	怒 [ ]	54	栗 [ ]

55	梁 [ ]	56	途 [ ]
57	突 [ ]	58	戀 [ ]
59	朗 [ ]		

03 다음 글에서 밑줄 친 單語 가운데, 漢字는 한글로, 한글은 漢字로 고쳐 쓰시오. (60~102)

- 국회 원내[60] 대표[61] 6인이 대통령[62]에게 改憲[63] 발의[64]를 유보[65]해 달라고 요청[66]했다. 이들은 합의[67]문에서 "이 문제는 18대 국회 初盤[68]에 처리[69]한다."고 시한[70]까지 명시[71]했다.
  – 2007.4.12 중앙일보

- 인류[72]의 역사[73]에서 20世紀[74] 말은 아마도 과학[75] 기술[76] 革命[77]의 시대로 記憶[78]될 것이다.
  이 시기 과학은 물질[79]을 원자[80] 수준[81]에서 이해하고, 생명 現象[82]을 분자 수준에서 설명하는 데 卓越[83]한 성과를 거두었다. 그와 동시에 이후[84] 인류에 막대한 影響[85]을 미친 새로운 분야[86]인 나노 과학이 탄생했다. 나노 과학에 대한 言及[87]은 1959년, 노벨 물리학상 수상자[88]인 리처드 파인만의 강연[89]에서였다.
  – '나노 기술, 축복인가 재앙인가' 중에서

- 다른 사람을 配慮[90]하여 말을 한다는 것은 평소[91]에 남을 생각하는 마음이나 태도[92]가 習慣化[93]되어 있지 않으면 쉽게 나오기 힘든 일이다. 그래서 논리적으로 말을 잘 하는 사람의 말보다 어눌하지만 따뜻한 몇 마디 말이 더 감동[94]을 주는 것이다. 간단하면서도 負擔[95] 없이 할 수 있는 방법[96] 중 하나는 맞장구를 쳐 주는 일이다. 상대방의 말에 맞장구치고, 狀況[97]을 공감해 고개를 끄덕여 주는 것

만으로도 스스로 문제를 <u>해결</u>[98]할 수 있게 도
울 수 있는 것이다.
　　　　　　　　　– '내 말에 상처 받았니' 중에서
• 그는 <u>백수</u>[99]인 <u>자신</u>[100]의 생활이 지겨웠다.
　<u>구직</u>[101] <u>전선</u>[102]에 뛰어든 지 한참이 지났기
　때문이다.

60 [　　　　]　　61 [　　　　]
62 [　　　　]　　63 [　　　　]
64 [　　　　]　　65 [　　　　]
66 [　　　　]　　67 [　　　　]
68 [　　　　]　　69 [　　　　]
70 [　　　　]　　71 [　　　　]
72 [　　　　]　　73 [　　　　]
74 [　　　　]　　75 [　　　　]
76 [　　　　]　　77 [　　　　]
78 [　　　　]　　79 [　　　　]
80 [　　　　]　　81 [　　　　]
82 [　　　　]　　83 [　　　　]
84 [　　　　]　　85 [　　　　]
86 [　　　　]　　87 [　　　　]
88 [　　　　]　　89 [　　　　]
90 [　　　　]　　91 [　　　　]
92 [　　　　]　　93 [　　　　]
94 [　　　　]　　95 [　　　　]
96 [　　　　]　　97 [　　　　]
98 [　　　　]　　99 [　　　　]
100 [　　　　]　　101 [　　　　]
102 [　　　　]

04 다음 漢字語 가운데 첫 音節이 長音으로 발음되는 것을
골라 그 번호를 쓰시오. (103~107)

103 ① 競爭　② 景致　③ 柳氏　④ 班點　[　　]
104 ① 滿足　② 令愛　③ 久遠　④ 具色　[　　]

105 ① 高價　② 古宮　③ 課業　④ 喪服　[　　]
106 ① 間數　② 孫女　③ 萬無　④ 非但　[　　]
107 ① 望樓　② 賣買　③ 思念　④ 音讀　[　　]

05 다음 漢字와 反對(또는 相對)되는 漢字를 써넣어 漢字
語를 완성하시오. (108~112)

108 加 ↔ [　　]
109 [　　] ↔ 異
110 眞 ↔ [　　]
111 陽 ↔ [　　]
112 [　　] ↔ 散

06 다음 漢字語의 反對語(또는 相對語)를 漢字로 쓰시오.
(113~117)

113 [　][　] ↔ 閉鎖
114 [　][　] ↔ 着席
115 地獄 ↔ [　][　]
116 [　][　] ↔ 中止
117 靈魂 ↔ [　][　]

07 다음 (　) 안에 알맞은 漢字를 써 넣어 漢字語(故事成
語)를 完成하시오. (118~127)

118 犬 [　] 之役
119 可 [　] 距離
120 經濟 [　] 區
121 群鷄 [　] 鶴
122 九曲 [　] 腸
123 金枝 [　] 葉
124 奇 [　] 天外
125 孟母 [　] 機
126 私有 [　] 産
127 抑何心 [　]

08 다음 漢字의 部首를 쓰시오. (128~132)

128 增 [   ]

129 拓 [   ]

130 尺 [   ]

131 彈 [   ]

132 七 [   ]

09 다음 漢字의 例에서 (133~137)의 뜻과 비슷한 漢字를 골라 그 번호를 써넣으시오. (133~137)

例	① 監 ② 敢 ③ 維 ④ 仕 ⑤ 助 ⑥ 附 ⑦ 盛

133 勇   [   ]

134 觀   [   ]

135 奉   [   ]

136 綱   [   ]

137 扶   [   ]

10 다음 漢字語와 音은 같으나, 뜻은 다른 漢字語를 제시된 풀이에 맞게 쓰시오. (長短音과 무관) (138~142)

138 牙城 : 어린 애의 소리   [   ]

139 巨細 : 세력을 제거함   [   ]

140 舊稿 : 끝까지 깊이 연구함   [   ]

141 眠食 : 얼굴을 서로 앎   [   ]

142 査家 : 네거리   [   ]

11 다음 漢字語의 뜻을 쓰시오. (143~147)

143 新刊   [   ]

144 堅剛   [   ]

145 狂亂   [   ]

146 沒殺   [   ]

147 帳簿   [   ]

12 다음 漢字의 略字를 쓰시오. (148~150)

148 權 [   ]

149 兩 [   ]

150 當 [   ]

수험번호 □□□-□□-□□□□

성명 □□□□□

생년월일 □□□□□□

※ 유성 싸인펜, 붉은색 필기구 사용 불가.

※ 답안지는 컴퓨터로 처리되므로 구기거나 더럽히지 마시고, 정답 칸 안에만 쓰십시오. 글씨가 채점란으로 들어오면 오답처리가 됩니다.

제　　회 전국한자능력검정시험 3급Ⅱ 답안지(1)　(시험시간 60분)

번호	정답	1검	2검	번호	정답	1검	2검	번호	정답	1검	2검
1				24				47			
2				25				48			
3				26				49			
4				27				50			
5				28				51			
6				29				52			
7				30				53			
8				31				54			
9				32				55			
10				33				56			
11				34				57			
12				35				58			
13				36				59			
14				37				60			
15				38				61			
16				39				62			
17				40				63			
18				41				64			
19				42				65			
20				43				66			
21				44				67			
22				45				68			
23				46				69			

감독위원	채점위원(1)		채점위원(2)		채점위원(3)	
(서명)	(득점)	(서명)	(득점)	(서명)	(득점)	(서명)

※ 뒷면으로 이어짐

※ 답안지는 컴퓨터로 처리되므로 구기거나 더럽히지 마시고, 정답 칸 안에만 쓰십시오. 글씨가 채점란으로 들어오면 오답처리가 됩니다.

제　　회 전국한자능력검정시험 3급Ⅱ 답안지(2)

번호	정답	1검	2검	번호	정답	1검	2검	번호	정답	1검	2검
70				97				124			
71				98				125			
72				99				126			
73				100				127			
74				101				128			
75				102				129			
76				103				130			
77				104				131			
78				105				132			
79				106				133			
80				107				134			
81				108				135			
82				109				136			
83				110				137			
84				111				138			
85				112				139			
86				113				140			
87				114				141			
88				115				142			
89				116				143			
90				117				144			
91				118				145			
92				119				146			
93				120				147			
94				121				148			
95				122				149			
96				123				150			

수험번호 □□□-□□-□□□□   성명 □□□□□

생년월일 □□□□□□   ※ 유성 싸인펜, 붉은색 필기구 사용 불가.

※ 답안지는 컴퓨터로 처리되므로 구기거나 더럽히지 마시고, 정답 칸 안에만 쓰십시오. 글씨가 채점란으로 들어오면 오답처리가 됩니다.

제   회 전국한자능력검정시험 3급Ⅱ 답안지(1) (시험시간 60분)

번호	정답	1검	2검	번호	정답	1검	2검	번호	정답	1검	2검
1				24				47			
2				25				48			
3				26				49			
4				27				50			
5				28				51			
6				29				52			
7				30				53			
8				31				54			
9				32				55			
10				33				56			
11				34				57			
12				35				58			
13				36				59			
14				37				60			
15				38				61			
16				39				62			
17				40				63			
18				41				64			
19				42				65			
20				43				66			
21				44				67			
22				45				68			
23				46				69			

	감독위원	채점위원(1)		채점위원(2)		채점위원(3)	
	(서명)	(득점)	(서명)	(득점)	(서명)	(득점)	(서명)

※ 답안지는 컴퓨터로 처리되므로 구기거나 더럽히지 마시고, 정답 칸 안에만 쓰십시오. 글씨가 채점란으로 들어오면 오답처리가 됩니다.

제　　회 전국한자능력검정시험 3급Ⅱ 답안지(2)

번호	정답	1검	2검	번호	정답	1검	2검	번호	정답	1검	2검
70				97				124			
71				98				125			
72				99				126			
73				100				127			
74				101				128			
75				102				129			
76				103				130			
77				104				131			
78				105				132			
79				106				133			
80				107				134			
81				108				135			
82				109				136			
83				110				137			
84				111				138			
85				112				139			
86				113				140			
87				114				141			
88				115				142			
89				116				143			
90				117				144			
91				118				145			
92				119				146			
93				120				147			
94				121				148			
95				122				149			
96				123				150			

01 다음 漢字의 讀音을 쓰시오. (1~45)

1 寡默 [　　　]　　2 繁盛 [　　　]

3 超越 [　　　]　　4 影響 [　　　]

5 換錢 [　　　]　　6 悅樂 [　　　]

7 屈折 [　　　]　　8 增援 [　　　]

9 荒廢 [　　　]　　10 稱讚 [　　　]

11 削減 [　　　]　　12 累積 [　　　]

13 兼備 [　　　]　　14 腦裏 [　　　]

15 償還 [　　　]　　16 督勵 [　　　]

17 徵兆 [　　　]　　18 豫約 [　　　]

19 抵觸 [　　　]　　20 奪取 [　　　]

21 納涼 [　　　]　　22 戀慕 [　　　]

23 緊縮 [　　　]　　24 痛歎 [　　　]

25 應諾 [　　　]　　26 陶醉 [　　　]

27 執務 [　　　]　　28 浮薄 [　　　]

29 透視 [　　　]　　30 破壞 [　　　]

31 疏忽 [　　　]　　32 休館 [　　　]

33 忍耐 [　　　]　　34 暖房 [　　　]

35 季刊 [　　　]　　36 所懷 [　　　]

37 免稅 [　　　]　　38 彼我 [　　　]

39 寬用 [　　　]　　40 慧眼 [　　　]

41 潤澤 [　　　]　　42 製糖 [　　　]

43 賃貸 [　　　]　　44 疲弊 [　　　]

45 逃避 [　　　]

02 다음 漢字의 흡과 訓을 쓰시오. (46~72)

46 貧 [　　　]　　47 幹 [　　　]

48 仕 [　　　]　　49 探 [　　　]

50 被 [　　　]　　51 揮 [　　　]

52 摘 [　　　]　　53 威 [　　　]

54 飾 [　　　]　　55 踏 [　　　]

56 浪 [　　　]　　57 錦 [　　　]

58 詳 [　　　]　　59 頂 [　　　]

60 悔 [　　　]　　61 恥 [　　　]

62 但 [　　　]　　63 缺 [　　　]

64 補 [　　　]　　65 姿 [　　　]

66 何 [　　　]　　67 延 [　　　]

68 瞬 [　　　]　　69 催 [　　　]

70 隊 [　　　]　　71 勤 [　　　]

72 睦 [　　　]

03 다음 글에서 밑줄 친 漢字語를 漢字로 고쳐 쓰시오. (73~102)

1. 신토불이[73]는 95년 세계[74]무역기구(WTO)체제[75]의 출범에 앞서 국산 농산물[76]을 보호[77]하기 위한 이데올로기로 만들어진 것이다. 시장[78] 개방[79] 압력에 밀어닥칠 외국 농산물을 신토불이라는 주문으로 막아내고자 했던 것이다. 만들고 보니 최고[80]의 광고[81] 카피였다.
   – 이훈범, '시시각각'에서

2. 위대[82]한 진리[83]는 희생에서 싹트고 뛰어난 예술[84]은 수난[85]에서 꽃 피는 것이 인류 역사의 불문율이기는 하지만, 단테처럼 처절한 역경[86]의 수난과 참담한 비운을 거슬러 가면서 절세의 대 예술을 이룩한 이는 아마도 다시없을 것이고 그 필생의 역작이요 동시[87]에 인류 문학의 고전[88] 중의 고전이요 또 불후의 진리와 아름다움의 전당인 〈신곡[89]〉은 20년 망명[90] 생활 중 동가식서가숙의 식객[91] 생활 속에서 이룩되었다.
   – 柳玲, 「단테」에서

3. 문학과 사학은 서로 상이한 듯하면서도 그것에 요청[92]되는 소양[93]과 기능은 유사하다 즉, 독특[94]한 개성[95]과 풍부[96]한 상상력 그리고 엄격하면서도 애정[97]어린 통찰력과 묘사의 기량이 필수요소이다.

　　　　　– 이병도, '굶주림을 이기는 고전문학'에서

4. 고전은 민중[98]들에게 용기[99]를 주는 귀중[100]한 자산이며, 창조[101]를 위한 원천이다.

5. 불평은 단순[102]히 감정적인 충동에서 나온 행동이므로, 외부의 힘으로 해결될 수 없다.

73 [　　　]　　74 [　　　]
75 [　　　]　　76 [　　　]
77 [　　　]　　78 [　　　]
79 [　　　]　　80 [　　　]
81 [　　　]　　82 [　　　]
83 [　　　]　　84 [　　　]
85 [　　　]　　86 [　　　]
87 [　　　]　　88 [　　　]
89 [　　　]　　90 [　　　]
91 [　　　]　　92 [　　　]
93 [　　　]　　94 [　　　]
95 [　　　]　　96 [　　　]
97 [　　　]　　98 [　　　]
99 [　　　]　　100 [　　　]
101 [　　　]　　102 [　　　]

04 다음 漢字語 가운데 첫 音節이 長音으로 발음되는 것을 골라 그 번호를 쓰시오. (103~107)

103 ① 婚需　② 都邑　③ 細筆　④ 樹液　[　]
104 ① 組織　② 就寢　③ 梅雨　④ 巧妙　[　]
105 ① 憤怒　② 引導　③ 麥芽　④ 衝突　[　]
106 ① 恒常　② 招待　③ 消息　④ 凍傷　[　]
107 ① 依賴　② 肥滿　③ 輸血　④ 租借　[　]

05 다음 漢字와 反對(또는 相對)되는 漢字를 쓰시오. (단, 108~110은 漢字語로 완성하시오) (108~112)

108 [　] ↔ 尾
109 [　] ↔ 負
110 賞 ↔ [　]
111 [　] ↔ 稀
112 鳴 ↔ [　]

06 다음 漢字語의 反對語(또는 相對語)를 漢字로 쓰시오. (113~117)

113 遠隔 ↔ [　][　]
114 [　][　] ↔ 迎新
115 [　][　] ↔ 脫退
116 [　][　] ↔ 禁止
117 [　][　] ↔ 異端

07 다음 빈칸에 알맞은 漢字를 써 넣어 漢字語(故事成語)를 完成하시오. (118~127)

118 [　]手無策
119 伯仲之[　]
120 勿失[　]機
121 [　]母良妻
122 [　]載一遇
123 離合[　]散
124 興盡[　]來
125 桑田碧[　]
126 深[　]熟考
127 孤[　]奮鬪

08 다음 漢字의 部首를 쓰시오. (128~132)

128 率 [　　　]
129 名 [　　　]
130 鳳 [　　　]

131 充 [   ]

132 珍 [   ]

⑪ 다음 漢字語의 뜻을 쓰시오. (143~147)

143 勉學   [   ]

144 山菜   [   ]

145 齊家   [   ]

146 花粉   [   ]

147 誤判   [   ]

⑨ 다음 漢字의 例에서 [133~137]의 뜻과 비슷한 漢字를 골라 그 번호를 써 넣으시오. (133~137)

例	① 卑 ② 範 ③ 鑑 ④ 差 ⑤ 刻 ⑥ 浸 ⑦ 損

133 他   [   ]

134 除   [   ]

135 低   [   ]

136 沈   [   ]

137 憲   [   ]

⑫ 다음 漢字의 略字를 쓰시오. (148~150)

148 權 [   ]

149 佛 [   ]

150 處 [   ]

⑩ 다음 漢字語와 音은 같으나, 풀이와 같은 뜻을 가진 漢字語를 쓰시오. (長短音과 무관) (138~142)

138 朝露 – [   ][   ] : 나이에 비해 빨리 늙음

139 監司 – [   ][   ] : 고마움

140 米壽 – [   ][   ] : 돈이나 물건 따위를 아직
　　　　　　　　　　　다 거두어들이지 못함

141 軟水 – [   ][   ] : 지식이나 기능을 익히기
　　　　　　　　　　　위해 공부하는 일

142 持久 – [   ][   ] : 태양계의 셋째 행성

01 다음 漢字의 讀音을 쓰시오. (1~34)

1 閑暇 [　　] 　 2 樓閣 [　　]

3 割據 [　　] 　 4 謙稱 [　　]

5 貧困 [　　] 　 6 廢刊 [　　]

7 寬容 [　　] 　 8 驚歎 [　　]

9 黃菊 [　　] 　 10 雜穀 [　　]

11 誇張 [　　] 　 12 承諾 [　　]

13 碑銘 [　　] 　 14 模樣 [　　]

15 繁盛 [　　] 　 16 功績 [　　]

17 康寧 [　　] 　 18 流離 [　　]

19 省墓 [　　] 　 20 茂林 [　　]

21 腐敗 [　　] 　 22 展覽 [　　]

23 封印 [　　] 　 24 上司 [　　]

25 排列 [　　] 　 26 普及 [　　]

27 淸掃 [　　] 　 28 委任 [　　]

29 隱密 [　　] 　 30 壯烈 [　　]

31 入寂 [　　] 　 32 金錢 [　　]

33 惑世 [　　] 　 34 鼓吹 [　　]

02 다음 漢字의 音과 訓을 쓰시오. (35~61)

35 籍 [　　] 　 36 脚 [　　]

37 儀 [　　] 　 38 懇 [　　]

39 肥 [　　] 　 40 拒 [　　]

41 補 [　　] 　 42 睦 [　　]

43 儉 [　　] 　 44 隔 [　　]

45 勿 [　　] 　 46 慣 [　　]

47 陶 [　　] 　 48 舊 [　　]

49 猛 [　　] 　 50 翼 [　　]

51 專 [　　] 　 52 菌 [　　]

53 跡 [　　] 　 54 難 [　　]

55 緊 [　　] 　 56 凍 [　　]

57 機 [　　] 　 58 快 [　　]

59 栗 [　　] 　 60 暖 [　　]

61 輪 [　　]

03 다음 밑줄 친 漢字語를 漢字로, 漢字는 한글로 쓰시오. (62~102)

• 특정 업체[62]에 무리[63]하게 惠澤[64]을 주자는 게 아니라 일자리 창출[65]을 目標[66]로 삼아야 한다.

• 새로 나올 高額券[67]의 인물에 대해 異論[68]을 제기[69]하는 사람이 적지 않다는데, 썩 잘 되었다고 感激[70]할 일도 아니지만, 이런 일은 정답이 없다는 생각이 정상[71]이다.
백범과 신사임당은 역사[72]와 현재[73]를 생각해 무난한 인선[74]이라고 생각한다.

• 우리나라의 건국 과정[75]에서 한반도[76]의 남쪽에서는 좌우[77] 두 陣營[78]의 극한[79]적이고 선명[80]한 대립이 있었다.

• 민족[81] 통일[82]을 희원[83]하고 분단[84] 고착[85]을 막아보려던 백범의 심정 윤리에 많은 사람이 동조[86]한다.

• 사회적 약자[87], 일자리 없는 사람들, 북의 동포를 생각하는 심정[88]만이 아니라, 그들을 실제로 도울 수 있는 방편[89]을 강구[90]하는 지혜가 필요하다.

• 생활고를 비관[91]한 가장이 동반 자살을 시도하려다 아내의 신고[92]로 경찰[93]에 拘束[94]된 사건이 있었다.

• 名譽[95] 퇴직[96]한 뒤 사업에 실패해 무직이 된 가장의 통계가 매분기 기록[97]을 更新[98]하여 증가[99]하고 있다고 한다.

• 불안정한 臨時[100]직, 일용직 등 深刻[101]한 취업난을 해결하고 선진[102]복지국가로 나아가야겠다.

62 [   ]   63 [   ]
64 [   ]   65 [   ]
66 [   ]   67 [   ]
68 [   ]   69 [   ]
70 [   ]   71 [   ]
72 [   ]   73 [   ]
74 [   ]   75 [   ]
76 [   ]   77 [   ]
78 [   ]   79 [   ]
80 [   ]   81 [   ]
82 [   ]   83 [   ]
84 [   ]   85 [   ]
86 [   ]   87 [   ]
88 [   ]   89 [   ]
90 [   ]   91 [   ]
92 [   ]   93 [   ]
94 [   ]   95 [   ]
96 [   ]   97 [   ]
98 [   ]   99 [   ]
100 [   ]   101 [   ]
102 [   ]

03 다음 漢字語 가운데 첫 音節이 長音으로 발음되는 것을 골라 그 번호를 쓰시오. (103~107)

103 ① 家財 ② 久遠 ③ 由來 ④ 登場 [   ]
104 ① 人夫 ② 境界 ③ 可當 ④ 牧師 [   ]
105 ① 妄動 ② 丘陵 ③ 簡素 ④ 連絡 [   ]
106 ① 微笑 ② 沒頭 ③ 放免 ④ 窮色 [   ]
107 ① 愚弄 ② 育英 ③ 功德 ④ 附屬 [   ]

04 다음 漢字와 反對 (또는 相對)되는 漢字를 써 넣어 漢字語를 만드시오. (108~112)

108 干 ↔ [   ]
109 甘 ↔ [   ]
110 光 ↔ [   ]
111 賞 ↔ [   ]
112 [   ] ↔ 買

05 다음 漢字語와 反對語(또는 相對語)를 漢字로 쓰시오. (113~117)

113 結果 ↔ [   ][   ]
114 紛爭 ↔ [   ][   ]
115 [   ][   ] ↔ 地獄
116 [   ][   ] ↔ 損失
117 物質 ↔ [   ][   ]

06 다음 빈칸에 알맞은 漢字를 써 넣어 漢字語(故事成語)를 完成하시오. (118~127)

118 九 [   ] 羊腸
119 大 [   ] 痛哭
120 奇巖絶 [   ]
121 東奔西 [   ]
122 累卵之 [   ]
123 四通八 [   ]
124 桑田碧 [   ]
125 身言 [   ] 判
126 [   ] 氣百倍
127 位階秩 [   ]

07 다음 漢字의 部首를 쓰시오. (128~132)

128 刺 [   ]
129 凶 [   ]

130 冤 [   ]

131 冊 [   ]

132 祝 [   ]

08 다음 漢字의 例에서 [133~137]의 뜻과 비슷한 漢字를 골라 그 번호를 써 넣으시오. (133~137)

例	① 施　　② 秀　　③ 浸　　④ 硏 ⑤ 念　　⑥ 整　　⑦ 映

133 透　　　　　　　[　　]

134 設　　　　　　　[　　]

135 修　　　　　　　[　　]

136 齊　　　　　　　[　　]

137 照　　　　　　　[　　]

09 다음 漢字語와 음이 같으며, 다음 풀이에 알맞은 漢字語를 쓰시오. (138~142)

138 唐絲 – [　　][　　] : 정당의 사무실로 쓰는 건물

139 邊城 – [　　][　　] : 성질이 바뀜

140 草露 – [　　][　　] : 40세를 달리 이르는 말

141 好否 – [　　][　　] : 아버지라 부름

142 自負 – [　　][　　] : 며느리

10 다음 漢字語의 뜻을 쓰시오. (143~147)

143 血稅　　[　　　　　　　　　　]

144 減員　　[　　　　　　　　　　]

145 堅持　　[　　　　　　　　　　]

146 交換　　[　　　　　　　　　　]

147 豊足　　[　　　　　　　　　　]

11 다음 한자의 약자를 쓰시오. (148~150)

148 濟 [　　　　]

149 晝 [　　　　]

150 虛 [　　　　]

수험번호 □□□-□□-□□□□　　성명 □□□□□

생년월일 □□□□□□

※ 유성 싸인펜, 붉은색 필기구 사용 불가.

※ 답안지는 컴퓨터로 처리되므로 구기거나 더럽히지 마시고, 정답 칸 안에만 쓰십시오. 글씨가 채점란으로 들어오면 오답처리가 됩니다.

제　　회 전국한자능력검정시험 3급Ⅱ 답안지(1)　(시험시간 60분)

번호	정답	1검	2검	번호	정답	1검	2검	번호	정답	1검	2검
	답 안 란	채점란			답 안 란	채점란			답 안 란	채점란	
1				24				47			
2				25				48			
3				26				49			
4				27				50			
5				28				51			
6				29				52			
7				30				53			
8				31				54			
9				32				55			
10				33				56			
11				34				57			
12				35				58			
13				36				59			
14				37				60			
15				38				61			
16				39				62			
17				40				63			
18				41				64			
19				42				65			
20				43				66			
21				44				67			
22				45				68			
23				46				69			

감독위원	채점위원(1)		채점위원(2)		채점위원(3)	
(서명)	(득점)	(서명)	(득점)	(서명)	(득점)	(서명)

※ 뒷면으로 이어짐

※ 답안지는 컴퓨터로 처리되므로 구기거나 더럽히지 마시고, 정답 칸 안에만 쓰십시오. 글씨가 채점란으로 들어오면 오답처리가 됩니다.

제   회 전국한자능력검정시험 3급Ⅱ 답안지(2)

번호	정답	1검	2검	번호	정답	1검	2검	번호	정답	1검	2검
	답 안 란	채점란			답 안 란	채점란			답 안 란	채점란	
70				97				124			
71				98				125			
72				99				126			
73				100				127			
74				101				128			
75				102				129			
76				103				130			
77				104				131			
78				105				132			
79				106				133			
80				107				134			
81				108				135			
82				109				136			
83				110				137			
84				111				138			
85				112				139			
86				113				140			
87				114				141			
88				115				142			
89				116				143			
90				117				144			
91				118				145			
92				119				146			
93				120				147			
94				121				148			
95				122				149			
96				123				150			

사단법인 한국어능력검정·한자급수자격검정회　　　20 . ( ). ( ).

수험번호 □□□□-□□-□□□□　　성명 □□□□

성명확인 □□□□□□

※ 수정 시에는, 두 줄로 긋고 수정할 것.

※ 답안지는 반드시 컴퓨터용 싸인펜으로 작성하거나 타이핑으로 하시고, 성명 및 수험번호 등이에는 정자로 기입하시오.

제　회 전국한자능력검정시험 3급Ⅱ 답안지(1)　(시험시간 60분)

번호	정답	채점란 1검	채점란 2검	번호	정답	채점란 1검	채점란 2검	번호	정답	채점란 1검	채점란 2검
1				24				47			
2				25				48			
3				26				49			
4				27				50			
5				28				51			
6				29				52			
7				30				53			
8				31				54			
9				32				55			
10				33				56			
11				34				57			
12				35				58			
13				36				59			
14				37				60			
15				38				61			
16				39				62			
17				40				63			
18				41				64			
19				42				65			
20				43				66			
21				44				67			
22				45				68			
23				46				69			

감독위원	채점위원(1)		채점위원(2)		채점위원(3)	
(서명)	(득점)	(서명)	(득점)	(서명)	(득점)	(서명)

※ 뒷면으로 이어짐

※ 답안지는 컴퓨터로 처리되므로 구기거나 더럽히지 마시고, 정답 칸 안에만 쓰십시오. 글씨가 채점란으로 들어오면 오답처리가 됩니다.

제　　회 전국한자능력검정시험 3급Ⅱ 답안지(2)

번호	정답	1검	2검	번호	정답	1검	2검	번호	정답	1검	2검
70				97				124			
71				98				125			
72				99				126			
73				100				127			
74				101				128			
75				102				129			
76				103				130			
77				104				131			
78				105				132			
79				106				133			
80				107				134			
81				108				135			
82				109				136			
83				110				137			
84				111				138			
85				112				139			
86				113				140			
87				114				141			
88				115				142			
89				116				143			
90				117				144			
91				118				145			
92				119				146			
93				120				147			
94				121				148			
95				122				149			
96				123				150			

【제1회】 예상문제(83p~85p)

1 향로	2 과장	3 독려	4 잔액
5 위태	6 호걸	7 정체	8 희미
9 두서	10 납량	11 복개	12 추앙
13 현안	14 피차	15 기원	16 장의
17 배제	18 손괴	19 격돌	20 여유
21 탁월	22 비표	23 소홀	24 편견
25 우상	26 부담	27 경청	28 배려
29 사과	30 아집	31 진노	32 모함
33 감면	34 주선	35 추억	36 영욕
37 질서	38 탐험	39 저변	40 관대
41 화려	42 보좌	43 송환	44 접촉
45 화목할 목	46 대쪽/간략할 간	47 삼갈 신	48 미혹할 혹
49 갈래 파	50 고요할 적	51 물들 염	52 빌릴 /뀔 대
53 적을 과	54 쇠할 쇠	55 일찍 증	56 거칠 황
57 넓힐 척	58 표 표	59 날개 익	60 지름길/길 경
61 허락할 낙	62 끌 제	63 기쁠 열	64 인도할 도
65 아낄 석	66 족보 보	67 지경 역	68 익힐/단련할 련
69 낮을 비	70 갈 마	71 부를 징	72 日常
73 使用	74 程度	75 集中	76 特性
77 知識	78 情報	79 習得	80 政治
81 自律	82 經濟	83 투철	84 極端
85 保守	86 進步	87 風土	88 眞實
89 不幸	90 各界	91 利害	92 充分
93 多數	94 代表	95 勇氣	96 安住
97 歷史	98 向背	99 原因	100 健康
101 精神	102 素養	103 ④ 誤審	104 ③ 退勤
105 ① 斷片	106 ② 抗辯	107 ③ 普及	108 夕
109 曲	110 急	111 給/授	112 虛
113 溫暖	114 非難	115 快樂	116 和解
117 單純	118 聲	119 束	120 齒
121 悲	122 破	123 擧	124 黑
125 廣	126 修	127 止	128 十
129 田	130 口	131 巾	132 玄
133 ③ 硬	134 ⑦ 猶	135 ① 祭	136 ⑥ 委
137 ④ 愁	138 禮訪	139 演技	140 理想

141 有形　142 電話　143 도움을 옮김　144 여럿 가운데 골라서 뽑음
145 철새　146 푸른 하늘　147 결혼하기를 청함　148 欠
149 医　150 続

【제2회】 예상문제(86p~88p)

1 참여	2 윤리	3 실천	4 자부
5 배출	6 위협	7 안일	8 미모
9 영화	10 환경	11 공격	12 목표
13 감축	14 간판	15 간단	16 단계
17 조직	18 유지	19 정책	20 칭찬
21 수입	22 지적	23 녹색	24 주도
25 부각	26 해법	27 착각	28 거리
29 포함	30 수습	31 확보	32 상황
33 공무	34 불편	35 세금	36 최적
37 헌신	38 자세	39 민원	40 공단
41 유휴	42 배치	43 호령	44 질책
45 용의	46 밑 저	47 허락할 낙	48 새 을

【제3회】 예상문제(93p~95p)

49 성낼 노	50 이길 극	51 기와 와	52 꾀할 기
53 모양 양	54 집 당	55 삼갈 신	56 얼 동
57 베풀 시	58 사내 랑	59 돌 순	60 찾을 색
61 높을 륭	62 넓을 막	63 갚을 상	64 늦을 만
65 뽑을 발	66 칠 박	67 맡을 사	68 나눌 반
69 어찌 하	70 봉할 봉	71 낮을 저	72 무리 배
73 師弟	74 同行	75 植木	76 意味
77 想起	78 個人	79 態度	80 未來
81 希望	82 地球	83 一助	84 課業
85 現場	86 家庭	87 客觀的	88 計量
89 氣壓	90 變化	91 背景	92 港口
93 都市	94 材料	95 到着	96 設立
97 初期	98 溫室	99 價格	100 發表
101 競爭	102 順位	103 ② 佳作	104 ④ 電子
105 ① 賀正	106 ① 萬歲	107 ④ 午後	108 絶
109 難	110 頭	111 始	112 罰
113 極貧	114 密集	115 外患	116 平等
117 暗黑	118 報	119 守	120 逆
121 唱	122 將	123 消	124 李
125 祭	126 軍	127 賣	128 目
129 又	130 片	131 火	132 口
133 ⑤ 納	134 ④ 切	135 ② 列	136 ⑦ 剛
137 ① 街	138 常勝	139 手寫	140 交感

141 復古　142 査究　143 두려워할 만함　144 물품을 실어 보냄
145 어떤 일이 일어나거나 결정되는 근거나 기회
146 하늘에서 타고남　147 널리 미침　148 読　149 担
150 応

1 유연	2 회의	3 가식	4 답사
5 묵인	6 납부	7 삭제	8 촉매
9 황폐	10 내진	11 유예	12 겸직
13 촉박	14 극심	15 투영	16 자태
17 공헌	18 미묘	19 격려	20 상세
21 도보	22 추앙	23 고적	24 어휘
25 봉인	26 강녕	27 석패	28 협찬
29 탈환	30 부유	31 이면	32 매도
33 근검	34 사격	35 회한	36 치욕
37 맹위	38 비만	39 약속	40 연루
41 희박	42 피곤	43 침대	44 경탄
45 수락	46 맬 계	47 무역할 무	48 도울 부
49 송사할 송	50 휘두를 휘	51 쌀 포	52 편안할 일
53 가지런할 정	54 찾을 탐	55 맑을 담	56 이을, 읽을 락
57 비교, 견줄 교	58 꽃다울 방	59 넘어질 도	60 다를 수
61 멀 유	62 딸 적	63 주춧돌 초	64 어찌 하
65 갚을 상	66 사양할 양	67 버릴 기	68 뽑을 발
69 삼갈 신	70 빚 채	71 섞을 혼	72 버금 중
73 最後	74 勝利	75 正當	76 分明
77 眞理	78 過勞	79 便安	80 效果
81 科學	82 技術	83 未來	84 産業
85 經濟	86 競爭	87 强(强)化	88 人格
89 尊敬	90 不足	91 家庭	92 詩集
93 樂器	94 時間	95 場所	96 民族
97 精神	98 直結	99 主體	100 意識

101 根本	102 責任	103 ④ 料金	104 ② 告訴
105 ③ 謝恩	106 ① 誇示	107 ② 致詞	108 放
109 急	110 賢	111 愛	112 陰
113 單純	114 難解	115 收入	116 建設
117 減退	118 婦	119 笑	120 武
121 言	122 貧	123 考	124 餘
125 草	126 卓	127 聲	128 月
129 日	130 角	131 十	132 頁
133 ③ 潔	134 ⑦ 禽	135 ⑤ 區	136 ① 觀
137 ② 擔	138 港口	139 加工	140 保守
141 淸算	142 消息	143 공덕을 기리는 말	
144 정처없이 떠돌아 다님			
145 아버지 어머니, 부모, 어버이			
146 추위를 피함	147 많고 적음	148 芸	149 発
150 伝			

【제4회】 예상문제(96p~98p)

1 유치	2 가장	3 항거	4 간곡
5 폐병	6 검소	7 탈환	8 영친
9 공란	10 쾌주	11 권총	12 도청
13 차용	14 동면	15 투계	16 여하
17 박두	18 부속	19 잠복	20 우주
21 수식	22 자객	23 승강	24 자태
25 아성	26 계집종 비	27 맏 맹	28 넓을 막
29 공교할 교	30 생각할 억	31 익숙할 관	32 엿 당
33 긴할 긴	34 아침 단	35 숨길 비	36 날개 익
37 부칠 부	38 느릴 완	39 그윽할 유	40 멜 하
41 책 편	42 저울대 형	43 마칠 필	44 탄알 탄
45 불 취	46 부를 징	47 불꽃 염	48 나타날 저
49 쇠사슬 쇄	50 연할 연	51 낮을 비	52 면할 면
53 계기	54 世界	55 市場	56 선택
57 후회	58 進步	59 政治	60 代案
61 부각	62 助言	63 無限	64 競爭
65 弱肉	66 强(強)食	67 原理	68 기초
69 운영	70 탐구	71 提示	72 保守
73 鮮明	74 區別	75 同時	76 맥락
77 省察	78 착각	79 平和	80 견지
81 비판	82 고통	83 多數	84 勝利
85 野球	86 응원단	87 연합	88 전환
89 주장	90 勞動	91 임금	92 전략
93 신뢰	94 體得	95 헌법	96 方式
97 解放	98 大衆	99 關係	100 變化
101 善意	102 準備	103 ① 亂局	104 ③ 火葬
105 ② 倉卒	106 ① 任務	107 ④ 尾骨	108 畫
109 可	110 給	111 班	112 呼
113 發生	114 近接	115 本質	116 總角
117 續行	118 樹	119 祭	120 斗
121 狀	122 敗	123 布	124 端
125 千	126 知	127 命	128 干
129 水	130 木	131 曰	132 里
133 ② 極	134 ① 樓	135 ④ 設	136 ③ 陵
137 ⑥ 尙	138 萬貨	139 間斷	140 短計
141 景氣	142 災地	143 구경함	144 수단과 방법을 꾀함
145 하고자 하는 말	146 요점을 따서 적음	147 널리 미침	
148 価	149 師	150 栄	

【제5회】 예상문제(103p~105p)

1 정숙	2 허망	3 납량	4 개관
5 보직	6 촉각	7 유예	8 단장
9 계몽	10 침투	11 초상	12 징후
13 우직	14 격심	15 미량	16 번성
17 굴절	18 항소	19 봉쇄	20 누적
21 자태	22 피곤	23 완행	24 수필
25 도산	26 명기	27 부각	28 제수
29 피안	30 술회	31 추경	32 벽안
33 혼란	34 저당	35 몰두	36 간청
37 삭제	38 겸양	39 위태	40 환불
41 막강	42 비만	43 사랑	44 향로
45 누각	46 곁 측	47 나타날 현	48 꽃다울 방
49 간사할 사	50 얽을 구	51 다만 단	52 거느릴 어
53 부칠 부	54 가지 조	55 마칠 필	56 편안 녕
57 녹 록	58 떨칠 분	59 꾸밀 식	60 가로 횡
61 만날 우	62 버금 중	63 솜 면	64 소반 반
65 열흘 순	66 친척 척	67 끓을 탕	68 세포 포
69 품삯 임	70 부지런할 근	71 감독할 독	72 갚을 상
73 勞動	74 水準	75 人事	76 侵害
77 要求	78 研究	79 眞理	80 過去
81 無視	82 思想	83 感情	84 表現
85 傳達	86 單純	87 習得	88 心性
89 保有	90 新聞	91 正確	92 報道
93 指導	94 大河	95 責任	96 義務
97 通信	98 衛星	99 調和	100 效果
101 藥物	102 健康	103 ③ 異變	104 ① 到着
105 ② 創刊	106 ③ 統治	107 ④ 審判	108 夫
109 陰	110 勝	111 起	112 逆
113 難解	114 輕減	115 建設	116 應答
117 近接	118 利	119 時	120 怒
121 名	122 卓	123 境	124 好
125 深	126 羅	127 將	128 工
129 隹	130 辰	131 火	132 田
133 ③ 望	134 ⑥ 窮	135 ② 促	136 ⑦ 組
137 ① 旋	138 收復	139 童話	140 知的
141 告示	142 年金	143 도읍을 옮김	144 일의 실마리
145 무슨 일이 일어나기에 앞서 나타나는 조짐		146 걸어감	
147 주춧돌	148 実	149 関	150 礼

【제6회】 예상문제(106p~108p)

1 낭비	2 독창	3 미소	4 검소
5 부상	6 백발	7 쾌조	8 특수
9 홍안	10 본질	11 멸망	12 융성
13 대부	14 천박	15 승강	16 억양
17 폐지	18 과욕	19 존엄	20 찬부
21 축쇄	22 몰살	23 이속	24 손익
25 삭제	26 물결 파	27 숨을 은	28 발자취 적
29 막을 저	30 장사지낼 장	31 남을 잔	32 품삯 임
33 벼리 유	34 멀 유	35 맡길 위	36 넉넉할 우
37 그르칠 오	38 맞을 영	39 쉴 식	40 모실 시
41 기다릴 대	42 가질 지	43 당나라 당	44 진흙 니
45 긴할 긴	46 번성할 번	47 밟을 리	48 속 리
49 울 명	50 멜 하	51 어찌 하	52 표할 표
53 綠色	54 환경	55 경영	56 기업

57 先頭	58 상상	59 現實	60 結合
61 自體	62 함축	63 製造	64 기후
65 變化	66 식량	67 不足	68 領土
69 다양	70 分野	71 부상	72 氷河
73 移住	74 선택	75 배출	76 연료
77 상황	78 획기	79 초래	80 主導權
81 투자	82 감행	83 銃聲	84 規制
85 故鄕	86 親知	87 記錄	88 歷史
89 同時	90 共感	91 職場	92 以後
93 家族	94 所重	95 추억	96 書店
97 工夫	98 世俗	99 정리	100 意味
101 當代	102 선고	103 ② 丈母	104 ① 滿面
105 ③ 倍率	106 ① 怨望	107 ④ 任務	108 得
109 婦	110 新	111 凶	112 治
113 單純	114 建設	115 內包	116 開放
117 減少	118 常	119 往	120 雄
121 命	122 觀	123 走	124 軍
125 細	126 怒	127 祭	128 幺
129 口	130 心	131 八	132 水
133 ② 居	134 ① 漠	135 ④ 羅	136 ⑥ 典
137 ⑦ 透	138 水災	139 角度	140 競技
141 原始	142 赤旗	143 베어 버림	144 몹시 가난함

145 위치나 차례를 뒤바꿈 146 숨겨 두고 혼자만이 쓰는 썩 좋은 방법
147 뜻밖에, 뜻하지 않은 일 148 読 149 数
150 战/戰

【제7회】 예상문제(113p~115p)

1 상세	2 화려	3 사색	4 취객
5 답사	6 난방	7 맹수	8 농담
9 여흥	10 호걸	11 분통	12 비책
13 환율	14 부침	15 권장	16 즉위
17 탄광	18 연필	19 도피	20 유혹
21 위태	22 치하	23 지압	24 소멸
25 유구	26 제단	27 봉양	28 가식
29 각오	30 잠적	31 박빙	32 예 구
33 닭 계	34 거리 가	35 이길 극	36 보배 진
37 소통할 소	38 인륜 륜	39 고개 령	40 잘 면
41 줄기 맥	42 꿈 몽	43 들을 문	44 나눌 반
45 푸를 벽	46 기울 보	47 임금 황	48 붙을 부
49 떨칠 불	50 절 사	51 비낄 사	52 잃을 상
53 마을[관청] 서	54 아낄 석	55 가릴 선	56 이을 속
57 근심 수	58 지킬 위	59 放學	60 講師
61 초청	62 熱心	63 最近	64 기업
65 신입	66 사원	67 重視	68 始作
69 현상	70 정리	71 狀態	72 密雲不雨
73 주역	74 여건	75 暴發	76 체증
77 政治	78 經濟	79 동북아	80 情勢
81 背景	82 개혁	83 意味	84 解決
85 展望	86 各別	87 각인	88 聖
89 自體	90 極端	91 強(强)調	92 效果
93 觀測	94 考案	95 初期	96 조건
97 의존	98 변화	99 예언	100 未來
101 必然	102 正直	103 ② 低溫	104 ① 弊習
105 ④ 敗訴	106 ① 謝過	107 ③ 路邊	108 貴
109 陸	110 吉	111 開	112 公

113 形式	114 光明	115 連結	116 減退
117 義務	118 加	119 引	120 深
121 唱	122 鄕	123 擧	124 廣
125 防	126 怒	127 毛	128 十
129 口	130 干	131 手	132 田
133 3	134 7	135 6	136 2
137 5	138 施工	139 技術	140 洗手
141 女神	142 武勇	143 붉은 빛깔의 치마	

144 아름다운 얼굴 모습 145 괴로움이나 어려움 따위를 참고 견딤
146 집으로 돌아가거나 돌아옴 147 기쁨과 즐거움 148 処
149 礼 150 宝

【제8회】 예상문제(116p~118p)

1 각고	2 서간	3 구릉	4 중개
5 애곡	6 허구	7 비굴	8 갱생
9 파괴	10 고취	11 본관	12 계율
13 채광	14 병균	15 초극	16 긴급
17 인내	18 영일	19 승낙	20 뇌리
21 차례	22 원단	23 황당	24 도와
25 나열	26 열상	27 충매	28 비판
29 사막	30 삼림	31 신중	32 대우
33 노래 가	34 구를 전	35 오로지 전	36 깨달을 각
37 에워쌀 위	38 번성할 번	39 방패 간	40 알 인
41 간절할 간	42 짝 우	43 심할 심	44 미리 예
45 치마 상	46 대개 개	47 이별할 결	48 쓸 비
49 겸손할 겸	50 떨칠 불	51 기계 계	52 꼬리 미
53 성낼 노	54 밤 률	55 들보/돌다리 량	56 길 도
57 갑자기 돌	58 그리워할/그릴 련		59 밝을 랑
60 院內	61 代表	62 大統領	63 개헌
64 發議	65 留保	66 要請	67 合意
68 초반	69 處理	70 時限	71 明示
72 人類	73 歷史	74 세기	75 科學
76 技術	77 혁명	78 기억	79 物質
80 原子	81 水準	82 현상	83 탁월
84 以後	85 영향	86 分野	87 언급
88 受賞者	89 講演	90 배려	91 平素
92 態度	93 습관화	94 感動	95 부담
96 方法	97 상황	98 解決	99 白手
100 自身	101 求職	102 戰線	103 ① 競爭
104 ③ 久遠	105 ② 古宮	106 ③ 萬無	107 ① 望樓
108 減	109 同	110 假/(偽)	111 陰
112 集	113 開放	114 起立	115 樂園
116 續行	117 肉體	118 馬	119 視
120 特	121 一	122 羊	123 玉
124 想	125 斷	126 財	127 情
128 土	129 手(扌)	130 尸	131 弓
132 一	133 ② 敢	134 ① 監	135 ④ 仕
136 ③ 維	137 ⑤ 助	138 兒聲	139 去勢
140 究考	141 面識	142 四街	

143 새로 발행한 책 144 성질이 굳세고 단단함
145 미쳐 날 뜀 146 모조리 다 죽임
147 금품의 수입과 지출을 기록하는 책 148 权/権
149 両 150 当

【제9회】 예상문제(123p~125p)

1 과묵	2 번성	3 초월	4 영향
5 환전	6 열락	7 굴절	8 증원
9 황폐	10 칭찬	11 삭감	12 누적
13 겸비	14 뇌리	15 상환	16 독려
17 징조	18 예약	19 저촉	20 탈취
21 납량	22 연모	23 긴축	24 통탄
25 응낙	26 도취	27 집무	28 부박
29 투시	30 파괴	31 소홀	32 휴관
33 인내	34 난방	35 계간	36 소회
37 면세	38 피아	39 관용	40 혜안
41 윤택	42 제당	43 임대	44 피폐
45 도피	46 가난할 빈	47 줄기 간	48 섬길 사
49 찾을 탐	50 입을 피	51 휘두를 휘	52 딸 적
53 위엄 위	54 꾸밀 식	55 밟을 답	56 물결 랑
57 비단 금	58 자세할 상	59 정수리 정	60 뉘우칠 회
61 부끄러울 치	62 다만 단	63 이지러질 결	64 기울 보
65 모양 자	66 어찌 하	67 늘일 연	68 눈깜짝할 순
69 재촉할 최	70 무리 대	71 부지런할 근	72 화목할 목
73 身土不二	74 世界	75 體制	76 農産物
77 保護	78 市場	79 開放	80 最高
81 廣告	82 偉大	83 眞理	84 藝術
85 受難	86 逆境	87 同時	88 古典
89 神曲	90 亡命	91 食客	92 要請
93 素養	94 獨特	95 個性	96 豊富
97 愛情	98 民衆	99 勇氣	100 貴重
101 創造	102 單純	103 ③ 細筆	104 ② 就寢
105 ① 憤怒	106 ④ 凍傷	107 ② 肥滿	108 頭
109 勝	110 罰	111 密	112 笑
113 近接	114 送舊	115 加入	116 許可
117 正統	118 束	119 勢	120 好
121 賢	122 千	123 集	124 悲
125 海	126 思	127 軍	128 玄
129 口	130 鳥	131 儿	132 玉
133 ④	134 ⑦	135 ①	136 ⑥
137 ②	138 무老	139 感謝	140 未收
141 硏修	142 地球	143 학업에 힘씀	144 산나물
145 집안을 바로 다스림		146 꽃가루	
147 잘못 판단함, 그릇된 판단		148 权/權	149 仏
150 処			

【제10회】 예상문제(126p~128p)

1 한가	2 누각	3 할거	4 겸칭
5 빈곤	6 폐간	7 관용	8 경탄
9 황국	10 잡곡	11 과장	12 승낙
13 비명	14 모양	15 번성	16 공적
17 강녕	18 유리	19 성묘	20 무림
21 부패	22 전람	23 봉인	24 상사
25 배열	26 보급	27 청소	28 위임
29 은밀	30 장렬	31 입적	32 금전
33 혹세	34 고취	35 문서 적	36 다리 각
37 거동 의	38 간절할 간	39 살찔 비	40 막을 거
41 기울 보	42 화목할 목	43 검소할 검	44 사이뜰 격
45 말 물	46 익숙할 관	47 질그릇 도	48 예 구
49 사나울 맹	50 날개 익	51 오로지 전	52 버섯 균
53 발자취 적	54 어려울 난	55 긴할 긴	56 얼 동
57 틀 기	58 쾌할 쾌	59 밤 률	60 따뜻할 난
61 바퀴 륜	62 業體	63 無理	64 혜택
65 創出	66 목표	67 고액권	68 이론
69 提起	70 감격	71 正常	72 歷史
73 現在	74 人選	75 過程	76 半島
77 左右	78 진영	79 極限	80 鮮明
81 民族	82 統一	83 希願	84 分斷
85 固着	86 同調	87 弱者	88 心情
89 方便	90 講究	91 悲觀	92 申告
93 警察	94 구속	95 명예	96 退職
97 記錄	98 경신	99 增加	100 임시
101 심각	102 先進	103 ② 久遠	104 ③ 可當
105 ① 妄動	106 ③ 放免	107 ④ 附屬	108 滿
109 苦	110 陰	111 罰	112 賣
113 原因	114 和解	115 樂園	116 所得
117 精神	118 曲	119 聲	120 壁
121 走	122 勢	123 達	124 海
125 書	126 勇	127 序	128 刀(刂)
129 凵	130 儿	131 冂	132 示(礻)
133 ③ 浸	134 ① 施	135 ④ 硏	136 ⑥ 整
137 ⑦ 映	138 黨舍	139 變性	140 初老
141 呼父	142 子婦	143 가혹한 조세, 세금	
144 인원을 줄임	145 굳게 지님	146 서로 바꿈	
147 넉넉하여 모자람이 없음		148 済	149 昼
150 虚			

한국사능력검정시험

3급 II

기출문제
(91~98회)

← 본 기출문제는 수험생들의 기억에 의하여 재생된 문제입니다.

제91회
2020. 11. 21 시행

(社) 한국어문회 주관 · 한국한자능력검정회 시행

한자능력검정시험 3급Ⅱ 기출문제

문 항 수 : 150문항
합격문항 : 105문항
제한시간 : 60분

01 다음 밑줄 친 漢字語의 讀音을 쓰시오.

- [1]速度에 [2]置重하고 매달리게 되면 중심을 잃고 넘어지기 쉽고 [3]目標 달성은커녕 [4]退步로 이어질 가능성이 크다.
- [5]興味와 재미는 진행의 속도를 [6]漸次 높여 줄 것이며 [7]窮極的으로 목표 지점에 더 빠르게 [8]到着할 수 있도록 만들어 줄 것이다.
- 개인뿐 아니라 [9]企業, 병원, 극단, 대학, [10]政府 기관 등 [11]多樣한 [12]組織에 컨설팅 한다.
- 사람들은 변화를 원할 때 [13]革新 전략을 미리 떠 올린다. 혁신을 [14]創造的인 [15]破壞의 한 유형으로 생각하는 [16]傾向이 있다.
- 미국은 [17]軍需品의 질과 양을 올려야 했다. 전시 상황이라 시간도 촉박했다. 이 압력은 [18]熟練된 감독관들이 미국으로 [19]差出되면서 더욱 [20]激烈해졌다.

1 [   ]   2 [   ]
3 [   ]   4 [   ]
5 [   ]   6 [   ]
7 [   ]   8 [   ]
9 [   ]   10 [   ]
11 [   ]   12 [   ]
13 [   ]   14 [   ]
15 [   ]   16 [   ]
17 [   ]   18 [   ]
19 [   ]   20 [   ]

02 다음 漢字語의 讀音을 쓰시오. (21~45)

21 思慕 [   ]   22 飯床 [   ]
23 垂直 [   ]   24 繁盛 [   ]
25 佳作 [   ]   26 精妙 [   ]
27 規範 [   ]   28 燒失 [   ]
29 血盟 [   ]   30 射擊 [   ]
31 顔面 [   ]   32 葬禮 [   ]
33 修飾 [   ]   34 免疫 [   ]
35 拍掌 [   ]   36 群舞 [   ]
37 審査 [   ]   38 深刻 [   ]
39 博愛 [   ]   40 倉庫 [   ]
41 腹痛 [   ]   42 聲帶 [   ]
43 鶴壽 [   ]   44 就寢 [   ]
45 偏執 [   ]

03 다음 밑줄 친 낱말을 漢字(正字)로 쓰시오. (46~75)

- [46]건강한 습관을 들이는 데 [47]성공한 사람들은 잘 먹고 [48]운동하는 것을 [49]자존심의 원천으로 바꿀 수 있는 사람이다.
- [50]항공사는 올리브를 빼고 네 가지 [51]재료로 된 샐러드로 [52]대신함으로써 [53]매년 50만 달러를 [54]절약할 수 있게 되었다.
- 손만 깨끗이 관리해도 [55]사망률을 많이 줄일 수 있었다. 사람들에게 손 씻는 법을 가르치는 것이 [56]대륙 전체에 새로운 배관 [57]시설을 설치하고 치료법을 [58]제시하는 것보다 훨씬 쉽고 간단한 예방 [59]방법이었다.
- 사람들은 자신의 [60]감정을 일기에 털어 놓는다. [61]연구에 따르면 일기를 적는 사람들이 [62]의사, 성직자, [63]친구에게 이야기하는 사람들과 마찬가지로 신체적인 면과 [64]심리적인 면에서 [65]편안함을 되찾는다고 한다.
- [66]종교의 인간에 대한 [67]요구는 매우 엄숙한 것이므로 풍자가는 사람들이 표방하는 것과 [68]실행하는 것과의 모순을 즐겨 [69]이용한다.

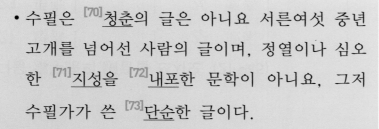

• 수필은 [70]청춘의 글은 아니요 서른여섯 중년 고개를 넘어선 사람의 글이며, 정열이나 심오한 [71]지성을 [72]내포한 문학이 아니요, 그저 수필가가 쓴 [73]단순한 글이다.
• 문화라 함은 [74]과학, [75]예술, 정치, 경제 등 인간 생활의 모든 일을 총괄 포함시키는 말이다.

46 [　　　] 　47 [　　　]
48 [　　　] 　49 [　　　]
50 [　　　] 　51 [　　　]
52 [　　　] 　53 [　　　]
54 [　　　] 　55 [　　　]
56 [　　　] 　57 [　　　]
58 [　　　] 　59 [　　　]
60 [　　　] 　61 [　　　]
62 [　　　] 　63 [　　　]
64 [　　　] 　65 [　　　]
66 [　　　] 　67 [　　　]
68 [　　　] 　69 [　　　]
70 [　　　] 　71 [　　　]
72 [　　　] 　73 [　　　]
74 [　　　] 　75 [　　　]

04 다음 漢字의 訓과 音을 쓰시오. (76~102)

76 影 [　　　] 　77 淑 [　　　]
78 昇 [　　　] 　79 辰 [　　　]
80 彼 [　　　] 　81 桃 [　　　]
82 皮 [　　　] 　83 譜 [　　　]
84 廷 [　　　] 　85 玄 [　　　]
86 換 [　　　] 　87 隔 [　　　]
88 猛 [　　　] 　89 閣 [　　　]
90 露 [　　　] 　91 拳 [　　　]
92 胸 [　　　] 　93 禪 [　　　]
94 峯 [　　　] 　95 幼 [　　　]
96 脚 [　　　] 　97 衡 [　　　]

98 肝 [　　　] 　99 催 [　　　]
100 楓 [　　　] 　101 湯 [　　　]
102 숨 [　　　]

05 다음 漢字語 중 첫 음절이 길게 발음되는 것의 번호를 쓰시오. (103~107)

103 ① 流刑　② 有形　[　　]
104 ① 減毒　② 監督　[　　]
105 ① 徒勞　② 道路　[　　]
106 ① 假裝　② 家藏　[　　]
107 ① 團地　② 斷指　[　　]

06 다음 (　) 안에 비슷한 뜻을 가진 漢字(正字)를 써넣어 널리 쓰이는 단어를 완성하시오. (108~112)

108 (　)靈
109 陳(　)
110 境(　)
111 (　)特
112 連(　)

07 다음 (　) 안에 뜻이 反對 또는 相對되는 漢字(正字)를 써넣어 단어를 만드시오. (113~117)

113 攻 ↔ (　)
114 緩 ↔ (　)
115 損 ↔ (　)
116 班 ↔ (　)
117 豫 ↔ (　)

08 다음 漢字語의 反對語 또는 相對語를 漢字(正字)로 쓰시오. (118~122)

118 紛爭 ↔ (　　)
119 拒否 ↔ (　　)
120 高踏 ↔ (　　)
121 禁止 ↔ (　　)
122 遠洋 ↔ (　　)

09 다음 漢字語의 同音異義語를 제시한 뜻에 맞는 漢字(正字)로 쓰시오. (123~127)

123 鄕愁 – (　　) 향을 풍기는 액체 화장품.

124 鎭火 – (　　) 일이나 사물 따위가 점점 발달해 감.

125 電源 – (　　) 도시에서 떨어진 시골이나 교외.

126 沙果 – (　　) 잘못을 인정하고 용서를 빎.

127 保釋 – (　　) 빛깔이 아름다우며 희귀한 광물.

10 다음 (　) 안에 알맞은 漢字(正字)를 써넣어 사자성어를 완성하시오. (128~137)

128 滅私(　)公 – 사적인 것을 버리고 공적인 것을 위해 일함.

129 魚(　)肉尾 – 물고기는 머리쪽이, 짐승 고기는 꼬리 쪽이 맛있다는 말.

130 角者無(　) – 뿔이 있는 짐승은 날카로운 이빨이 없다는 뜻.

131 (　)天勤民 – 하늘을 공경하고 백성을 다스리기에 부지런함.

132 怒甲(　)乙 – 어떤 사람에게 당한 화풀이를 다른 사람에게 해 댐.

133 百戰百(　) – 싸우는 때마다 모조리 이김.

134 莫(　)之友 – 서로의 뜻을 거스르지 않는 친한 벗.

135 玉骨(　)風 – 옥과 같은 골격과 선인과 같은 풍채.

136 (　)兆蒼生 – 수많은 백성.

137 (　)履薄氷 – 살얼음을 밟는 것과 같다는 뜻.

11 다음 漢字의 部首를 쓰시오. (138~142)

138 慶 [　　　　]

139 難 [　　　　]

140 牧 [　　　　]

141 測 [　　　　]

142 更 [　　　　]

12 다음 漢字의 略字를 쓰시오. (143~145)

143 擧 [　　　　]

144 擔 [　　　　]

145 收 [　　　　]

13 다음 漢字語의 뜻을 쓰시오. (146~150)

146 去留 [　　　　　　　　　]

147 堅固 [　　　　　　　　　]

148 送迎 [　　　　　　　　　]

149 榮轉 [　　　　　　　　　]

150 悠久 [　　　　　　　　　]

제92회
2021. 5. 15 시행
(社) 한국어문회 주관·한국한자능력검정회 시행
한자능력검정시험 3급Ⅱ 기출문제
문 항 수 : 150문항
합격문항 : 105문항
제한시간 : 60분

01 다음 밑줄 친 漢字語의 讀音을 쓰시오. (1~20)

- [1]朝鮮의 [2]要請에 따라 [3]參戰한 명나라는 [4]壬辰 왜란 7년 중 4년이나 휴전하면서 일본과 [5]祕密스럽게 강화 [6]會談을 [7]進行했다.
- 코로나19의 주요 [8]症狀으로는 발열과 기침, [9]呼吸 [10]困難 등이 나타나며, 환자에 따라 [11]頭痛, 근육통, 오한 등이 나타나기도 한다. [12]健康한 성인은 시간이 지나면 [13]回復될 가능성이 크지만 [14]老弱한 사람이나 [15]基底 [16]疾病이 있는 사람은 치명적일 수 있다.
- 기업의 책무는 고용을 창출하고 [17]適法한 [18]稅金을 [19]納付하며 기술을 향상시켜 인류에 [20]供獻하는 것이다.

1 [   ]   2 [   ]
3 [   ]   4 [   ]
5 [   ]   6 [   ]
7 [   ]   8 [   ]
9 [   ]   10 [   ]
11 [   ]   12 [   ]
13 [   ]   14 [   ]
15 [   ]   16 [   ]
17 [   ]   18 [   ]
19 [   ]   20 [   ]

02 다음 漢字語의 讀音을 쓰시오. (21~45)

21 慰勞 [   ]   22 補充 [   ]
23 象牙 [   ]   24 海岸 [   ]
25 追越 [   ]   26 配役 [   ]
27 幼兒 [   ]   28 透徹 [   ]
29 奪取 [   ]   30 珠玉 [   ]
31 餘裕 [   ]   32 麥飯 [   ]
33 墨書 [   ]   34 騎兵 [   ]
35 獲得 [   ]   36 廢止 [   ]
37 干拓 [   ]   38 菊花 [   ]
39 習慣 [   ]   40 抗訴 [   ]
41 容恕 [   ]   42 丹楓 [   ]
43 裁判 [   ]   44 仁慈 [   ]
45 韻律 [   ]

03 다음 밑줄 친 낱말을 漢字(正字)로 쓰시오. (46~75)

- 지난날에는 스승과 제자의 윤리, 즉 [46]사제의 윤리가 하나의 규범을 지녔기 때문에 그것을 [47]이상적인 것으로 미화시켜 [48]인식하려는 경향이 없지 않았다. 민주주의 사회에 알맞은 사제의 새로운 윤리가 [49]제시되지 않았으니 우리도 역시 지난날의 규범을 이상적인 것으로 인식하지 않을 수 없다. 물론 절대 군주 [50]체제가 없어진 오늘날 군주에 대한 [51]충성이란 윤리관이 존속할 수 없고, 가부장의 왕국인 [52]가족 제도가 허물어진 오늘날 [53]역사 [54]기록이나 전설에 남을 효자 효부를 바랄 수도 없다. 그러나 아무리 [55]교육 제도가 달라져도 제자와 스승의 의리만은 변경될 수 없을 것 같다. (정병욱, 〈사도론〉)
- 사람만의 능력이라고 간주되어온 [56]사고와 판단의 영역을 기계가 한 발 한 발 [57]접수해 들어오는 [58]미래는 불가피하다. 슈퍼 [59]인공지능의 [60]출현도 [61]시간 문제로 보인다. 기계가 사람의 영역을 완전하게 대체할 것인가, 부분적으로 들어와 사람과 공존할 것인가. 이 문제는 인공 [62]지능과 자동화 [63]기술의 [64]발달 [65]정도와 [66]업무 영역에 따라 달라질 것이다. (구본권, 《로봇 시대, 인간의 일》)

• 문화란 [67]자연 상태의 사물에 인간의 [68]작용
  을 가하여, 그것을 [69]변화시키거나 새롭게 [70]
  창조해 낸 것을 [71]의미한다. 넓은 의미의 문화
  에는 정치나 [72]경제, 법과 제도, 문학과 예술,
  [73]도덕, 종교, [74]풍속 등 인간의 모든 [75]산물
  이 포함된다.

46 [　　　]　　47 [　　　]

48 [　　　]　　49 [　　　]

50 [　　　]　　51 [　　　]

52 [　　　]　　53 [　　　]

54 [　　　]　　55 [　　　]

56 [　　　]　　57 [　　　]

58 [　　　]　　59 [　　　]

60 [　　　]　　61 [　　　]

62 [　　　]　　63 [　　　]

64 [　　　]　　65 [　　　]

66 [　　　]　　67 [　　　]

68 [　　　]　　69 [　　　]

70 [　　　]　　71 [　　　]

72 [　　　]　　73 [　　　]

74 [　　　]　　75 [　　　]

04 다음 漢字의 訓과 音을 쓰시오. (76~102)

76 我 [　　　]　　77 豫 [　　　]

78 薄 [　　　]　　79 凡 [　　　]

80 針 [　　　]　　81 陶 [　　　]

82 臺 [　　　]　　83 姑 [　　　]

84 谷 [　　　]　　85 沙 [　　　]

86 釋 [　　　]　　87 綿 [　　　]

88 顔 [　　　]　　89 就 [　　　]

90 橫 [　　　]　　91 泥 [　　　]

92 泰 [　　　]　　93 職 [　　　]

94 影 [　　　]　　95 株 [　　　]

96 贊 [　　　]　　97 聽 [　　　]

98 久 [　　　]　　99 倫 [　　　]

100 夢 [　　　]　　101 伯 [　　　]

102 寂 [　　　]

05 다음 漢字語 중 첫 음절이 길게 발음되는 것의 번호를
쓰시오. (103~107)

103 ① 元祖　　② 援助　　[　　]

104 ① 感謝　　② 監査　　[　　]

105 ① 聯政　　② 戀情　　[　　]

106 ① 下手　　② 河水　　[　　]

107 ① 富者　　② 父子　　[　　]

06 다음 (　) 안에 비슷한 뜻을 가진 漢字(正字)를 써넣어
널리 쓰이는 단어를 완성하시오. (108~112)

108 (　)爭

109 始(　)

110 (　)哀

111 居(　)

112 壽(　)

07 다음 (　) 안에 뜻이 反對 또는 相對되는 漢字(正字)를
써넣어 단어를 만드시오. (113~117)

113 增 ↔ (　)

114 勝 ↔ (　)

115 有 ↔ (　)

116 溫 ↔ (　)

117 夫 ↔ (　)

08 다음 漢字語의 反對語 또는 相對語를 漢字(正字)로 쓰
시오. (118~122)

118 脫退 ↔ (　　)

119 外延 ↔ (　　)

120 迎新 ↔ (　　)

121 差別 ↔ (　　)

122 閉鎖 ↔ (　　)

09 다음 漢字語의 同音異義語를 제시한 뜻에 맞는 漢字(正字)로 쓰시오. (123~127)

123 詩碑 – (　　) 옳음과 그름.

124 毒酒 – (　　) 혼자서 뜀.

125 訪韓 – (　　) 추위를 막음.

126 熱講 – (　　) 여러 강한 나라들.

127 架設 – (　　) 어떤 사실을 설명하려고 설정한 가정.

10 다음 (　　) 안에 알맞은 漢字(正字)를 써넣어 사자성어를 완성하시오. (128~137)

128 一(　　)揮之 : 한숨에 글씨나 그림을 죽 쓰거나 그림.

129 勿失(　　)機 : 좋은 기회를 놓치지 않음.

130 (　　)耕夜讀 : 낮에는 일 하고 밤에는 책을 읽음.

131 改過遷(　　) : 잘못을 고치고 착하게 됨.

132 (　　)擧妄動 : 깊이 생각하지 않고 경솔하게 행동함.

133 大(　　)晚成 : 큰 그릇을 만드는 데는 시간이 많이 걸림.

134 優柔不(　　) : 어물어물하며 딱 잘라 결단을 내리지 못 함.

135 賢母(　　)妻 : 어진 어머니이면서 착한 아내.

136 轉禍爲(　　) : 화가 바뀌어 복이 됨.

137 名(　　)相符 : 명목과 실상이 서로 부합함.

11 다음 漢字의 部首를 쓰시오. (138~142)

138 雙 [　　　　]

139 暫 [　　　　]

140 換 [　　　　]

141 克 [　　　　]

142 吏 [　　　　]

12 다음 漢字의 略字를 쓰시오. (143~145)

143 聲 [　　　　]

144 賣 [　　　　]

145 齒 [　　　　]

13 다음 漢字語의 뜻을 쓰시오. (146~150)

146 粉乳 [　　　　　　　　　]

147 礎石 [　　　　　　　　　]

148 畜舍 [　　　　　　　　　]

149 鹽分 [　　　　　　　　　]

150 稀少 [　　　　　　　　　]

제93회
2021. 7. 10 시행

(社) 한국어문회 주관·한국한자능력검정회 시행

한자능력검정시험 **3급Ⅱ** 기출문제

문 항 수 : 150문항
합격문항 : 105문항
제한시간 : 60분

01 다음 문장에서 밑줄 친 漢字語의 讀音을 쓰시오. (1~20)

- 국군은 악전 [1]苦鬪 끝에 고지를 [2]奪還했다.
- 그는 [3]透徹한 사명 [4]意識으로 사업에 도전했다.
- 봄철 방송 [5]改編에 따라 프로그램들이 신설 또는 [6]脫落하였다.
- 온종일 일에 시달린 그는 [7]疲弊한 몸으로 [8]歸家한 후 오랜 시간 [9]就寢을 했다.
- 외국과 상거래하며 [10]租稅를 [11]納付한다.
- 전기를 많이 사용하면 [12]割增 요금을 [13]賦課한다.
- 그는 직장 동료의 [14]影響으로 [15]奮發하여 승진했다.
- 나의 [16]懸案 문제를 [17]熟考 끝에 마무리 지었다.
- 적의 [18]威脅에 맞서기 위해 강군을 육성해야 한다.
- 오랜만에 고향에 오니 [19]感懷가 새롭다.
- 그는 소원을 [20]懇求하며 기도했다.

1 [   ]   2 [   ]
3 [   ]   4 [   ]
5 [   ]   6 [   ]
7 [   ]   8 [   ]
9 [   ]   10 [   ]
11 [   ]   12 [   ]
13 [   ]   14 [   ]
15 [   ]   16 [   ]
17 [   ]   18 [   ]
19 [   ]   20 [   ]

02 다음 漢字語의 讀音을 쓰시오. (21~45)

21 默契 [   ]   22 媒介 [   ]
23 景槪 [   ]   24 剛斷 [   ]
25 鼓吹 [   ]   26 哭聲 [   ]
27 米穀 [   ]   28 寬待 [   ]
29 滅菌 [   ]   30 應諾 [   ]
31 腦裏 [   ]   32 渡河 [   ]
33 督勵 [   ]   34 爐邊 [   ]
35 戲弄 [   ]   36 隆崇 [   ]
37 麥酒 [   ]   38 綿密 [   ]
39 戀慕 [   ]   40 浮沈 [   ]
41 喪失 [   ]   42 濕潤 [   ]
43 悠久 [   ]   44 靜寂 [   ]
45 啓蒙 [   ]

03 다음 漢字의 訓과 音을 쓰시오. (46~72)

46 雅 [   ]   47 暫 [   ]
48 役 [   ]   49 頂 [   ]
50 憎 [   ]   51 倉 [   ]
52 値 [   ]   53 吐 [   ]
54 被 [   ]   55 畢 [   ]
56 何 [   ]   57 佳 [   ]
58 項 [   ]   59 幹 [   ]
60 兼 [   ]   61 禽 [   ]
62 旦 [   ]   63 途 [   ]
64 凍 [   ]   65 穴 [   ]
66 祿 [   ]   67 晚 [   ]
68 盤 [   ]   69 削 [   ]
70 汗 [   ]   71 蒼 [   ]
72 仰 [   ]

04 다음 중 첫음절이 長音으로 발음되는 것을 고르시오. (73~77)

73 ① 但書　　② 端緒　　[　　]

74 ① 都請　　② 道廳　　[　　]

75 ① 限量　　② 寒涼　　[　　]

76 ① 統將　　② 通帳　　[　　]

77 ① 奴子　　② 路資　　[　　]

05 다음 문장에서 밑줄 친 漢字語를 漢字(正字)로 쓰시오. (78~107)

・그는 입사 시험에서 [78]차석으로 [79]합격하는 [80]영광을 누렸다.

・회사 [81]직원에 대한 [82]감찰을 한 후 [83]책임을 지게 했다.

・그는 [84]난처한 일은 뒤로 미루고 쉬운 일부터 [85]해결했다.

・[86]저축은 불확실한 [87]미래를 [88]보장해 준다.

・[89]공원에서 [90]불법으로 식물을 [91]취득하는 것은 금한다.

・[92]대타 전략을 쓴 감독의 예상은 [93]적중하여 야구 [94]경기의 흐름을 바꾸어 놓았다.

・술을 [95]과음하면 [96]건강을 해친다.

・김 회장은 문화 [97]재단을 [98]설립하여 사회에 기여했다.

・배달원은 주문한 [99]상품을 [100]전달하였다.

・그는 군을 [101]제대한 후 회사 [102]업무에 복귀했다.

・목표 달성을 위해서는 올바른 [103]지도가 [104]필요하다.

・나는 집에서 [105]녹화 [106]방송을 시청했다.

・정원에는 꽃들이 [107]만개하여 화사하다.

78 [　　]　　**79** [　　]

80 [　　]　　**81** [　　]

82 [　　]　　**83** [　　]

84 [　　]　　**85** [　　]

86 [　　]　　**87** [　　]

88 [　　]　　**89** [　　]

90 [　　]　　**91** [　　]

92 [　　]　　**93** [　　]

94 [　　]　　**95** [　　]

96 [　　]　　**97** [　　]

98 [　　]　　**99** [　　]

100 [　　]　　**101** [　　]

102 [　　]　　**103** [　　]

104 [　　]　　**105** [　　]

106 [　　]　　**107** [　　]

06 다음 漢字와 비슷한 뜻을 가진 漢字(正字)를 (　) 안에 써서 문장에 적합한 漢字語가 되게 하시오. (108~112)

108 그는 淨(　)한 마음으로 평생을 살았다.

109 사회가 각박해지면서 憤(　) 조절이 안 되는 사람이 많아졌다.

110 상점에는 많은 상품이 具(　)되어 있다.

111 회원에게 (　)絡하여 긴급히 소집했다.

112 왕이 승하하여 세자가 왕위를 (　)繼했다.

07 다음 漢字와 뜻이 反對 또는 相對되는 漢字(正字)를 써서 漢字語를 완성하시오. (113~117)

113 지진으로 여러 곳에서 (　)陷이 발생해 피해가 컸다.

114 성수기에 상품 需(　)에 차질이 없도록 대비한다.

115 임금 협상이 (　)使 합의로 마무리 되었다.

116 노력과 정직 여부에 따라 사람의 (　)衰가 결정된다.

117 살면서 어떠한 일의 (　)退를 결정해야 할 때가 있다.

08 다음 漢字語의 反對語 또는 相對語를 2음절로 된 漢字(正字)로 쓰시오. (118~122)

118 結果 ↔ (　　)

119 複雜 ↔ (　　)

120 支出 ↔ (　　)

121 許可 ↔ (　　)

122 物質 ↔ (　　)

09 다음 漢字語의 同音異義語를 漢字(正字)로 쓰되, 제시된 뜻에 맞는 것으로 하시오. (123~127)

123 利用 – (　　) 이발과 미용을 통틀어 이르는 말.

124 培植 – (　　) 군대나 단체 같은 데서 식사를 나누어 줌.

125 方手 – (　　) 물이 흘러 들어오는 것을 막음.

126 製藥 – (　　) 사물의 성립에 필요한 조건이나 규정.

127 無機 – (　　) 전쟁에 쓰이는 온갖 기구.

10 다음 (　　) 안에 알맞은 漢字(正字)를 써서 四字成語를 완성하시오. (128~137)

128 居安(　)危 : 편안히 살 때 위태로움을 생각함.

129 (　)學阿世 : 학문을 왜곡하여 세속에 아부함.

130 內憂外(　) : 나라 안팎의 근심 걱정.

131 論功行(　) : 세운 공을 논정하여 상을 줌.

132 莫(　)之友 : 서로의 뜻을 거스르지 않는 친한 벗.

133 夫唱(　)隨 : 남편이 부르면 아내가 따른다.

134 森(　)萬象 : 우주에 존재하는 모든 사물과 현상.

135 溫(　)知新 : 옛 것을 익혀 새 것을 앎.

136 自初至(　) : 처음부터 끝까지.

137 (　)擧妄動 : 깊이 생각지 않고 경솔하게 행동함.

⑪ 다음 漢字의 部首를 쓰시오. (138~142)

138 脚 [　　　]

139 貸 [　　　]

140 盟 [　　　]

141 卑 [　　　]

142 審 [　　　]

⑫ 다음 漢字의 略字를 쓰시오. (143~145)

143 黨 [　　　]

144 爲 [　　　]

145 齒 [　　　]

⑬ 다음 漢字語의 뜻을 쓰시오. (146~150)

146 授乳 [　　　　　　　]

147 夜深 [　　　　　　　]

148 魚湯 [　　　　　　　]

149 炎天 [　　　　　　　]

150 臨迫 [　　　　　　　]

제94회
2021. 9. 11 시행
(社) 한국어문회 주관 · 한국한자능력검정회 시행
한자능력검정시험 3급Ⅱ 기출문제
문 항 수 : 150문항
합격문항 : 105문항
제한시간 : 60분

01 다음 밑줄 친 漢字語의 讀音을 쓰시오. (1~20)

- 유네스코 세계유산위원회는 일본의 [1]强制 [2]徵用 [3]被害 왜곡 [4]試圖에 공개적으로 [5]警告했다. 일본은 2015년 6월 군함도 등 근대 산업 시설이 세계문화유산으로 [6]登載될 당시에, 많은 한국인이 강제로 [7]動員되어 가혹한 [8]環境에서 노동한 사실이 있음을 [9]認識하고, 희생자를 기리기 위한 조치를 하겠다는 약속을 이행하지 않고 있다고 [10]指摘하면서 강한 유감을 표했다.

- 병자호란 때 인조는, 조선을 [11]侵攻하고 남한산성을 [12]封鎖한 청에 맞서 싸웠으나 끝내 [13]敗北하여 [14]恥辱을 견뎌야 했다. 국제 관계에서 신뢰보다는 힘에 의한 [15]秩序가 우선한다는 것을 통감해야만 했다.

- 메타버스 안에서는 온라인 속에 만들어진 회사의 여러 [16]部署들을 자유롭게 [17]體驗할 수도 있다. 정부 [18]施策에 따라 [19]支援 받을 이 기술은 앞으로 많은 부문에 [20]影響을 끼칠 것임이 분명하다.

1 [   ]   2 [   ]
3 [   ]   4 [   ]
5 [   ]   6 [   ]
7 [   ]   8 [   ]
9 [   ]   10 [   ]
11 [   ]   12 [   ]
13 [   ]   14 [   ]
15 [   ]   16 [   ]
17 [   ]   18 [   ]
19 [   ]   20 [   ]

02 다음 漢字語의 讀音을 쓰시오. (24~45)

21 觀察 [   ]   22 請求 [   ]
23 慣習 [   ]   24 克服 [   ]
25 免除 [   ]   26 謙稱 [   ]
27 附加 [   ]   28 階層 [   ]
29 債券 [   ]   30 復元 [   ]
31 比較 [   ]   32 損傷 [   ]
33 監査 [   ]   34 追越 [   ]
35 時效 [   ]   36 牙城 [   ]
37 養護 [   ]   38 疫病 [   ]
39 弊端 [   ]   40 僞證 [   ]
41 槪論 [   ]   42 秋耕 [   ]
43 誘致 [   ]   44 總選 [   ]
45 錯覺 [   ]

03 다음 밑줄 친 낱말을 漢字(正字)로 쓰시오. (46~75)

- 가스라이팅은 타인의 심리나 상황을 교묘하게 [46]조작해 타인에 대한 지배력을 강화하는 행위로, 〈가스등(Gas Light)〉(1938)이란 연극에서 [47]유래한 용어이다. 가해자는 피해자에게 자신을 못 믿을 존재로 [48]속단하게 만들고, 타인의 [49]명령에 맹종하게 한다.

- 기존 바이러스 [50]변종인 델타는 전염력이 알파형보다 약 1.6배나 더 강해서 [51]단기간에 전세계로 퍼져나갈 것이라는 [52]소식은 모든 사람을 우울하게 했다.

- 챗봇의 사용은 이제 우리 [53]일상에서 어렵지 않게 찾아볼 수 있다. 많은 기업들이 [54]전화 상담을 챗봇으로 대체하고 있는 추세이다. 이에 과학기술정보 [55]통신부가 발표한 'AI 윤리 [56]기준'과 함께 개인 [57]정보보호위원회는 AI 시대

를 [58]대비하기 위해 그 수단으로 'AI [59]자율 점검표'를 [60]방송에서 공개했다. 이는 인공 [61]지능 [62]설계 및 개발·운영 [63]과정에서 개인 정보를 [64]안전하게 [65]처리하기 위해 지켜야 할 개인 정보보호법상의 주요 [66]책무·[67]권리 사항을 알려 주는 [68]안내서다. '개인 정보 수집' 단계에서의 주요 점검 [69]목록에는 '[70]합법적인 동의 방법', '[71]수집 근거 확인', 목적을 구체적으로 작성하고 이용자가 충분히 예측할 수 있는 안내'가 있다.
• 한 나라의 [72]통치가 미치는 범위를 [73]영해로 인정한다면 [74]독도는 [75]고려 이후 지도에서 우리 영토로 나타나기 때문에 이것을 기준으로 해야 한다.

46 [   ]   47 [   ]
48 [   ]   49 [   ]
50 [   ]   51 [   ]
52 [   ]   53 [   ]
54 [   ]   55 [   ]
56 [   ]   57 [   ]
58 [   ]   59 [   ]
60 [   ]   61 [   ]
62 [   ]   63 [   ]
64 [   ]   65 [   ]
66 [   ]   67 [   ]
68 [   ]   69 [   ]
70 [   ]   71 [   ]
72 [   ]   73 [   ]
74 [   ]   75 [   ]

04 다음 漢字의 訓과 흡을 쓰시오. (76~102)

76 汗 [   ]   77 桑 [   ]
78 畢 [   ]   79 蒸 [   ]
80 襲 [   ]   81 殆 [   ]

82 勵 [   ]   83 製 [   ]
84 脚 [   ]   85 漆 [   ]
86 透 [   ]   87 臨 [   ]
88 寢 [   ]   89 觸 [   ]
90 逸 [   ]   91 距 [   ]
92 蒼 [   ]   93 揮 [   ]
94 隔 [   ]   95 泥 [   ]
96 愼 [   ]   97 歎 [   ]
98 刺 [   ]   99 瞬 [   ]
100 微 [   ]   101 着 [   ]
102 壓 [   ]

05 다음 漢字語 중 첫 음절이 길게 발음되는 것의 번호를 쓰시오. (103~107)

103 ① 死票   ② 師表   [   ]
104 ① 苦戰   ② 古典   [   ]
105 ① 遠征   ② 圓井   [   ]
106 ① 代謝   ② 臺詞   [   ]
107 ① 碑版   ② 批判   [   ]

06 뜻풀이를 참고하여 (   ) 안에 비슷한 뜻을 가진 漢字(正字)를 써넣어 널리 쓰이는 단어를 완성하시오. (108~112)

108 (   ) − 白 : 잘못이 없음.
109 到 − (   ) : 다다름.
110 稀 − (   ) : 아주 드묾.
111 (   ) − 始 : 새롭게 엶.
112 委 − (   ) : 맡김.

07 뜻풀이를 참고하여 (   ) 안에 뜻이 반대 또는 상대되는 漢字(正字)를 써넣어 단어를 만드시오. (113~117)

113 (   ) ↔ 落 : 붙고 떨어짐.
114 緩 ↔ (   ) : 느리고 빠름.
115 喜 ↔ (   ) : 기쁨과 슬픔.
116 吉 ↔ (   ) : 좋음과 언짢음.
117 (   ) ↔ 炭 : 정반대됨.

08 다음 漢字語의 반대어 또는 상대어를 漢字(正字)로 쓰시오. (118~122)

118 複雜 ↔ (　　)

119 白晝 ↔ (　　)

120 低下 ↔ (　　)

121 增進 ↔ (　　)

122 容易 ↔ (　　)

09 다음 漢字語의 同音異義語를 제시한 뜻에 맞는 漢字(正字)로 쓰시오. (123~127)

123 煙氣 - (　　) 배우가 역할을 표현하는 행위

124 傾注 - (　　) 빠르기를 겨룸.

125 祭儀 - (　　) 의견이나 의논, 의안을 내놓음.

126 汽管 - (　　) 생리 기능을 수행하는 생물체의 각 부분.

127 負商 - (　　) 상장에 덧붙여 주는 상금이나 상품.

10 다음 (　　) 안에 알맞은 漢字(正字)를 써넣어 사자성어를 완성하시오. (128~137)

128 龍(　)蛇尾 : 시작만 좋고 나중은 좋지 않음을 비유하는 말.

129 曲(　)阿世 : 학문을 왜곡하여 세속에 아부함.

130 近朱者(　) : 붉은 색을 가까이 하는 사람은 붉어지게 됨.

131 莫(　)之友 : 서로의 뜻을 거스리지 않는 친한 벗.

132 勿失(　)機 : 좋은 기회를 놓치지 않음.

133 守株(　)冤 : 융통성 없이 한가지만을 내내 고집함.

134 山紫水(　) : 경치가 썩 아름다움을 이르는 말.

135 森(　)萬象 : 우주 존재하는 모든 사물과 현상.

136 天人共(　) : 도저히 용서할 수 없음을 이르는 말.

137 (　)之度外 : 내버려두어 더 이상 문제 삼지 아니함.

11 다음 漢字의 部首를 쓰시오. (138~142)

138 賢 [　　　]

139 豊 [　　　]

140 鬪 [　　　]

141 乘 [　　　]

142 取 [　　　]

12 다음 漢字의 略字를 쓰시오. (143~145)

143 黨 [　　　]

144 寫 [　　　]

145 興 [　　　]

13 다음 漢字語의 뜻을 쓰시오. (146~150)

146 繼承 [　　　　　　　]

147 緊要 [　　　　　　　]

148 覆蓋 [　　　　　　　]

149 衰弱 [　　　　　　　]

150 滯納 [　　　　　　　]

（社）한국어문회 주관·한국한자능력검정회 시행

2021. 11. 20 시행

문 항 수 : 150문항
합격문항 : 105문항
제한시간 : 60분

---

01 다음 문장에서 밑줄 친 漢字語의 讀音을 쓰시오. (1~20)

- 말은 은이요 [1]沈默은 금이다.
- 생각이 깊은 사람은 [2]幼稚한 행동을 하지 않는다.
- [3]漆黑같이 어둡고 비오는 밤에는 운전을 조심해야 한다.
- 자유 없는 정의와 정의 없는 자유는 모두 [4]弊害를 가져온다.
- 농약을 사용할 때는 규정대로 물을 타 [5]稀釋해 사용해야 안전하다.
- 우리는 호국 [6]英靈들의 [7]獻身을 늘 잊지 말고 기려야 한다.
- 자연재해로 생물이 크게 늘거나 줄면 [8]環境 생태계의 [9]平衡이 깨지게 된다.
- 자유 통일을 [10]懇切히 [11]追求하려면 먼저 나부터 자유 시민의 책임과 [12]役割을 다해야 한다.
- 재택 [13]勤務가 늘고, 인간의 [14]壽命이 늘어나는 미래에는 [15]想像하지 못할 직업이 다양하게 생길 것이다.
- 코로나 [16]疫病은 인류가 시급히 [17]克服해야 할 수많은 과제를 [18]露出시켰다.
- 중공군의 [19]介入으로 국군의 북진통일과 북한 [20]解放은 이루지 못한 채 우리의 과제가 되었다.

1 [   ]   2 [   ]
3 [   ]   4 [   ]
5 [   ]   6 [   ]
7 [   ]   8 [   ]
9 [   ]   10 [   ]
11 [   ]   12 [   ]
13 [   ]   14 [   ]
15 [   ]   16 [   ]
17 [   ]   18 [   ]
19 [   ]   20 [   ]

---

02 다음 漢字語의 讀音을 쓰시오. (21~45)

21 超越 [   ]   22 發揮 [   ]
23 坐禪 [   ]   24 祝賀 [   ]
25 豪傑 [   ]   26 炎症 [   ]
27 喜悅 [   ]   28 皮革 [   ]
29 安逸 [   ]   30 忍耐 [   ]
31 漸進 [   ]   32 干拓 [   ]
33 銃劍 [   ]   34 節槪 [   ]
35 乾濕 [   ]   36 隔離 [   ]
37 謙讓 [   ]   38 農耕 [   ]
39 誘致 [   ]   40 基礎 [   ]
41 督促 [   ]   42 胡亂 [   ]
43 鎭靜 [   ]   44 熟眠 [   ]
45 餘震 [   ]

---

03 다음 漢字의 訓과 音을 쓰시오. (46~72)

46 井 [   ]   47 暖 [   ]
48 橫 [   ]   49 薄 [   ]
50 祀 [   ]   51 汗 [   ]
52 莫 [   ]   53 貞 [   ]
54 念 [   ]   55 姑 [   ]
56 愚 [   ]   57 哀 [   ]
58 笛 [   ]   59 奪 [   ]
60 桑 [   ]   61 浮 [   ]
62 淨 [   ]   63 何 [   ]
64 菜 [   ]   65 衰 [   ]
66 建 [   ]   67 麥 [   ]
68 柱 [   ]   69 澤 [   ]
70 畢 [   ]   71 柔 [   ]
72 次 [   ]

04 다음 중 첫음절이 長音으로 발음되는 것을 고르시오. (73~77)

73 ① 同期 ② 動機 [ ]

74 ① 會議 ② 懷疑 [ ]

75 ① 醫師 ② 意思 [ ]

76 ① 感謝 ② 監査 [ ]

77 ① 郵政 ② 友情 [ ]

05 다음 문장에서 밑줄 친 漢字語를 漢字(正字)로 쓰시오. (78~107)

- [78]흡연은 [79]건강에 가장 유해한데 청소년 흡연이 더욱 그렇다.
- 코로나 19로부터 나를 [80]보호하려면 마스크 [81]착용, 손씻기를 생활 [82]수칙으로 지켜야 한다.
- 인도의 마하트마 간디는 현대 문명의 질병으로 도덕 없는 [83]상업, 양심 없는 [84]쾌락, 희생 없는 [85]종교 등을 들었다.
- 날씨는 [86]생산 활동과 [87]밀접하여 [88]촌락에서는 날씨를 중요하게 여긴다.
- 남녀 및 [89]부부는 서로 갈등하는 [90]관계가 아니라 서로 [91]존중하고 화합하는 관계이다.
- 나라의 [92]빈부를 결정하는 [93]원인은 인종, [94]자연 환경이 아니라 문화라는 [95]학설이 지지를 얻고 있다.
- 1960년대 한국은 아프리카 가나와 [96]수준이 비슷하였는데 현재는 10배 [97]정도 차이가 나 한국은 10대 [98]경제 대국이 되었다.
- '오늘의 [99]소식'이라 하면 될 것을 '투데이 뉴스'라고 하는 외국어 의존 [100]악습을 [101]청산해야 한다.
- 한국 [102]전쟁의 국군포로 [103]총수는 8만 여 명인데 8,300여 명만 돌아왔고, 대부분 [104]석탄 광산에서 중노동으로 죽어갔고, 탈북한 분이 80여 분인데 20여 분만 생존한다.
- 카이로 회담에서는 일본에 대한 연합국 [105]대응과 전후 [106]처리 문제를 협의하고 [107]조선의 독립을 처음으로 명문화하였다.

78 [ ]   **79** [ ]

80 [ ]   **81** [ ]

82 [ ]   **83** [ ]

84 [ ]   **85** [ ]

86 [ ]   **87** [ ]

88 [ ]   **89** [ ]

90 [ ]   **91** [ ]

92 [ ]   **93** [ ]

94 [ ]   **95** [ ]

96 [ ]   **97** [ ]

98 [ ]   **99** [ ]

100 [ ]   **101** [ ]

102 [ ]   **103** [ ]

104 [ ]   **105** [ ]

106 [ ]   **107** [ ]

06 다음 漢字와 비슷한 뜻을 가진 漢字(正字)를 ( ) 안에 써서 문장에 적합한 漢字語가 되게 하시오. (108~112)

108 주장이 ( )硬하면 반발도 커서 부드럽게 설득함이 좋다.

109 인간은 모든 抑( )으로부터 해방될 자유와 권리가 있다.

110 부모님께 효도, 어른께 恭( )함은 인간의 근본 도리다.

111 서류나 문서를 ( )僞로 작성하면 범죄가 된다.

112 奔( )한 일상에서 잠시 멈춰 쉬면서 자기를 찾아야 한다.

07 다음 漢字와 뜻이 반대 또는 상대되는 漢字(正字)를 써서 漢字語를 완성하시오. (113~117)

113 여야는 국회에서 攻( )을 치열하게 벌였다.

114 감정의 ( )伏이 심할 때는 수필을 읽거나 산보를 한다.

115 가족은 ( )晝의 세월을 함께하는 사랑의 공동체이다.

116 사전, 사후에 뇌물을 (   )受하면 범죄가 된다.

117 조직의 부정부패를 막으려면 賞(   )을 분명히
해야 한다.

⑧ 다음 漢字語의 반대어 또는 상대어를 2음절로 된 漢字(正字)로 쓰시오. (118~122)

118 拒否 ↔ (   )

119 怨恨 ↔ (   )

120 精神 ↔ (   )

121 稱讚 ↔ (   )

122 架空 ↔ (   )

⑨ 다음 漢字語의 동음이의어를 漢字(正字)로 쓰되, 제시된 뜻에 맞는 것으로 하시오. (123~127)

123 飛火 - (   ) 슬픈 이야기.

124 剛斷 - (   ) 강연자가 올라서도록 높게 만든
자리.

125 附帶 - (   ) 일정 규모로 편성된 군대.

126 競技 - (   ) 매매나 거래에 나타나는 경제 활
동 상태

127 辭表 - (   ) 선거 때 낙선한 후보자에게 던져
진 표.

⑩ 다음 (   ) 안에 알맞은 漢字(正字)를 써서 四字成語를 완성하시오. (128~137)

128 (   )舊迎新 : 묵은 해를 보내고 새해를 맞음.

129 (   )上加霜 : 엎친 데 덮친 격.

130 兼人之(   ) : 혼자 능히 여럿을 당해낼 용기.

131 (   )母良妻 : 어진 어머니이면서 착한 아내.

132 鶴(   )苦待 : 학의 목 길게 빼듯 몹시 기다림.

133 高臺(   )室 : 높은 대와 넓은 집, 곧 굉장히 크
고 좋은 집.

134 三旬九(   ) : 가난해 끼니를 많이 거름.

135 日就月(   ) : 날로 달로 자라나감.

136 藥(   )甘草 : 무슨 일이나 빠짐없이 끼임.

137 (   )山幽谷 : 깊은 산의 으슥한 골짜기.

⑪ 다음 漢字의 부수를 쓰시오. (138~142)

138 契 [   ]

139 斜 [   ]

140 暫 [   ]

141 惑 [   ]

142 突 [   ]

⑫ 다음 漢字의 略字를 쓰시오. (143~145)

143 興 [   ]

144 蟲 [   ]

145 傳 [   ]

⑬ 다음 漢字語의 뜻을 쓰시오. (146~150)

146 騎手 [   ]

147 演士 [   ]

148 需給 [   ]

149 是正 [   ]

150 補助 [   ]

제96회
2022. 2. 26 시행

(社) 한국어문회 주관 · 한국한자능력검정회 시행

한자능력검정시험 3급Ⅱ 기출문제

문 항 수 : 150문항
합격문항 : 105문항
제한시간 : 60분

01 다음 문장에서 밑줄 친 漢字語의 讀音을 쓰시오. (1~20)

• 하루를 [1]充滿하게 살아가기 위해서는 [2]親切과 희망, 일상에서 느끼는 소소한 행복의 중요함을 깨달아야 한다.

• 올바른 [3]訓育을 위해서는 아이가 배워야 할 점을 [4]明確하게 알려주어야 한다.

• 남에게 어떤 일이나 말을 전달할 때는 최대한 [5]簡潔하게 하는 것이 [6]核心이다.

• 가족관계는 바른 인성을 형성하는데 중요한 [7]影響을 준다.

• 현대에서는 경제활동의 [8]基盤을 제공하는 [9]運輸 · 통신 등의 사회간접자본에 대한 [10]公共 [11]投資가 중요하다.

• 서재필은 독립협회를 만들고, 우리의 민족정신을 [12]鼓吹하기 위해 독립신문을 [13]創刊하였다.

• 그 제품은 반드시 [14]殺菌과 [15]密封을 거친다.

• 갑작스러운 강물의 범람으로 논밭이 [16]浸水되고 많은 사람들의 인명이 [17]頃刻에 달려 있었다.

• 중요한 속보를 전하기 위해 [18]緊迫한 상황에도 불구하고 [19]沈着하게 일을 처리해 내는 모습에 다른 사람들은 완전히 [20]壓倒를 당하였다.

1 [   ]   2 [   ]
3 [   ]   4 [   ]
5 [   ]   6 [   ]
7 [   ]   8 [   ]
9 [   ]   10 [   ]
11 [   ]   12 [   ]
13 [   ]   14 [   ]
15 [   ]   16 [   ]
17 [   ]   18 [   ]
19 [   ]   20 [   ]

02 다음 漢字語의 讀音을 쓰시오. (21~45)

21 佳味 [ ]	22 觸覺 [ ]
23 頭腦 [ ]	24 脚光 [ ]
25 懇曲 [ ]	26 鋼鐵 [ ]
27 承諾 [ ]	28 茶禮 [ ]
29 踏襲 [ ]	30 陶藝 [ ]
31 脈絡 [ ]	32 荒涼 [ ]
33 督勵 [ ]	34 冊曆 [ ]
35 研磨 [ ]	36 沙漠 [ ]
37 浮揚 [ ]	38 稀釋 [ ]
39 豫審 [ ]	40 哀痛 [ ]
41 壽宴 [ ]	42 懷柔 [ ]
43 鬪魂 [ ]	44 缺陷 [ ]
45 危殆 [ ]	

03 다음 漢字의 訓과 音을 쓰시오. (46~72)

46 卑 [ ]	47 欄 [ ]
48 侍 [ ]	49 耕 [ ]
50 拳 [ ]	51 愚 [ ]
52 抵 [ ]	53 跡 [ ]
54 館 [ ]	55 沒 [ ]
56 巖 [ ]	57 糖 [ ]
58 燒 [ ]	59 畢 [ ]
60 梅 [ ]	61 夢 [ ]
62 沿 [ ]	63 越 [ ]
64 溪 [ ]	65 淫 [ ]
66 靈 [ ]	67 醉 [ ]
68 微 [ ]	69 邪 [ ]
70 輩 [ ]	71 猛 [ ]
72 逸 [ ]	

04 다음 중 첫음절이 長音으로 발음되는 것을 고르시오. (73~77)

73 ① 店員　　② 點圓　　[　　]

74 ① 軍師　　② 郡史　　[　　]

75 ① 房門　　② 訪問　　[　　]

76 ① 代謝　　② 臺詞　　[　　]

77 ① 拜具　　② 排球　　[　　]

05 다음 문장에서 밑줄 친 漢字語를 漢字(正字)로 쓰시오. (78~107)

- [78]물체들이 서로 다른 모습을 띠는 것은 원자들의 모양과 [79]위치, 그리고 [80]배열 구조가 다르기 때문이다.
- [81]통일신라는 점차 혼란에 빠지기 시작했다.
- [82]선거에 [83]승리하기 위해서는 국민의 지지를 받는 것이 [84]중요하다.
- 중북부 해안 지역을 중심으로 대설 [85]특보가 내려졌다. 안전에 [86]유의해야 한다.
- 부동산 정책에서는 금리가 [87]주택 [88]가격에 주는 영향을 고려해야 한다는 주장이 있다.
- 방역을 위해 [89]경기 관람 시 마스크를 쓰지 않은 [90]관중들은 입장해서는 안 된다고 [91]경고했다.
- [92]강력한 토네이도로 도시 전체가 봉쇄되었다. 토네이도의 중심 부근은 매우 강한 상승 기류를 가진 저기압성 [93]폭풍으로, 깔때기 모양의 소용돌이치는 구름기둥을 볼 수 있다.
- 유엔은 2030년 [94]탄소 배출량이 2010년 대비 16% [95]증가할 것으로 [96]전망하고 있다.
- 인공달팽이관의 외부 장치, 즉 외부의 소리를 [97]전기의 [98]신호로 바꾸어 인공달팽이관에 넣어주는 장치가 고장 나면 소리가 들리지 않는다.
- [99]자율주행차에서 '눈'의 역할을 하는 것은 카메라, 레이더, 라이다(LiDAR)다. 카메라는 렌즈로 주변 물체를 [100]식별한다. 레이더는 전파를 발사해 거리, 속도를 측정한다. 라이다는

'라이트(Light)'와 '레이더(Radar)'의 합성어로, 전파 대신 빛을 쏘기 때문에 레이더가 못 보는 [101]사각 [102]지대까지 파악한다.

- 코로나 [103]사태 이후 개인 투자자들은 인터넷, 소셜네트워크서비스(SNS) 등을 매개로 열린 [104]집단 [105]지성이 가능해져 많은 투자 정보를 [106]습득하고 투자 대상에 [107]접근할 수 있게 되었다.

78 [　　]		79 [　　]	
80 [　　]		81 [　　]	
82 [　　]		83 [　　]	
84 [　　]		85 [　　]	
86 [　　]		87 [　　]	
88 [　　]		89 [　　]	
90 [　　]		91 [　　]	
92 [　　]		93 [　　]	
94 [　　]		95 [　　]	
96 [　　]		97 [　　]	
98 [　　]		99 [　　]	
100 [　　]		101 [　　]	
102 [　　]		103 [　　]	
104 [　　]		105 [　　]	
106 [　　]		107 [　　]	

06 다음 漢字와 비슷한 뜻을 가진 漢字(正字)를 (　　) 안에 써서 문장에 적합한 漢字語가 되게 하시오. (108~112)

108 공무상 제대로 행정 처리를 했는지 반드시 (　)察해야 한다.

109 그는 病(　)이 깊어짐에 따라 더 이상의 치료를 멈추고 집으로 돌아가기를 원했다.

110 과학의 달을 맞아 우주 분야의 지식에 (　)達한 전문가를 인터뷰하기로 하였다.

111 결국 독일은 1차 세계대전에서 敗(　)하였다.

112 식약처는 몇몇 기업에게 백신의 (　)造를 허가하였다.

07 다음 漢字와 뜻이 反對 또는 相對되는 漢字(正字)를 써서 漢字語를 완성하시오. (113~117)

113 지금에 와서 지난날의 <u>功( )</u>를 묻는 것은 어떤 도움이 되겠는가?

114 예전에는 많은 사람들이 풍수적으로 터의 ( )凶을 따져 집을 짓곤 했다.

115 임금은 <u>文( )</u>를 고루 갖춘 신하들을 신임하였다.

116 뇌물이나 금품 <u>( )受</u>시에는 처벌을 받게 된다.

117 우리나라는 <u>勞( )</u> 안정을 위한 많은 법률 제도가 여전히 필요하다.

08 다음 漢字語의 反對語 또는 相對語를 2음절로 된 漢字(正字)로 쓰시오. (118~122)

118 白晝 ↔ ( )

119 向上 ↔ ( )

120 稱讚 ↔ ( )

121 破壞 ↔ ( )

122 虛僞 ↔ ( )

09 다음 漢字語의 同音異義語를 漢字(正字)로 쓰되, 제시된 뜻에 맞는 것으로 하시오. (123~127)

123 絕世 – ( ) 세금을 적게 냄.

124 泥狀 – ( ) 생각해 볼 때 가장 완전하다고 여겨지는 상태.

125 龍旗 – ( ) 물건을 담는 그릇.

126 良好 – ( ) 기르고 보호함.

127 變更 – ( ) 나라의 경계가 되는 변두리의 땅

10 다음 ( ) 안에 알맞은 漢字(正字)를 써서 四字成語를 완성하시오. (128~137)

128 鶴首苦( )   **129** ( )離滅裂

130 轉禍( )福   **131** 縱橫( )盡

132 ( )退維谷   **133** 竹馬( )友

134 日就月( )   **135** 附( )雷同

136 拔( )塞源   **137** 權謀( )數

11 다음 漢字의 部首를 쓰시오. (138~142)

138 康 [   ]

139 舊 [   ]

140 綠 [   ]

141 飛 [   ]

142 飮 [   ]

12 다음 漢字의 略字를 쓰시오. (143~145)

143 興 [   ]

144 總 [   ]

145 應 [   ]

13 다음 漢字語의 뜻을 쓰시오. (146~150)

146 假說 [   ]

147 未詳 [   ]

148 丹粧 [   ]

149 發砲 [   ]

150 契機 [   ]

제97회
2022. 5. 28 시행

(社) 한국어문회 주관·한국한자능력검정회 시행

한자능력검정시험 3급II 기출문제

문 항 수 : 150문항
합격문항 : 105문항
제한시간 : 60분

01 다음 문장에서 밑줄 친 漢字語의 讀音을 쓰시오. (1~20)

- 삼촌은 너를 [1]激勵하고 [2]慰安하기 위해 그런 말씀을 하셨단다.
- 강도들은 [3]警察署를 [4]侵犯하여 [5]拳銃 두 정을 [6]奪取하였다.
- 그녀는 손을 모아 [7]樓閣의 [8]懸板을 향해 절을 하고 또 한다.
- 우리는 [9]悠久한 역사 속에서 풍속과 [10]習慣, 의식주의 공통성을 가지게 되었다.
- [11]暴雪 때문에 그 지역과 [12]聯絡이 두절된 지 사흘째다.
- 그녀는 우리에게 [13]隆崇한 대접과 [14]餘興을 베풀어 주었다.
- 며칠 전에 본 영화의 [15]殘像이 아직도 [16]腦裏 속에 남아 있다.
- [17]細菌의 [18]浸透를 막으려면 손과 발을 깨끗이 씻으세요.
- 이번 비행장 [19]爆擊으로 적국의 공군력은 [20]顯著하게 약화되었을 것이다.

1 [   ]   2 [   ]
3 [   ]   4 [   ]
5 [   ]   6 [   ]
7 [   ]   8 [   ]
9 [   ]   10 [   ]
11 [   ]   12 [   ]
13 [   ]   14 [   ]
15 [   ]   16 [   ]
17 [   ]   18 [   ]
19 [   ]   20 [   ]

02 다음 漢字語의 讀音을 쓰시오. (21~45)

21 寡默 [   ]   22 鍊磨 [   ]
23 麥飯 [   ]   24 宇宙 [   ]
25 執刀 [   ]   26 換拂 [   ]
27 媒介 [   ]   28 沿岸 [   ]
29 謙虛 [   ]   30 符籍 [   ]
31 鼓吹 [   ]   32 摘芽 [   ]
33 戀慕 [   ]   34 御殿 [   ]
35 怪獸 [   ]   36 懇請 [   ]
37 漸染 [   ]   38 繁昌 [   ]
39 徵兆 [   ]   40 肺炎 [   ]
41 剛斷 [   ]   42 償還 [   ]
43 啓蒙 [   ]   44 愚弄 [   ]
45 拘留 [   ]

03 다음 漢字의 訓音을 쓰시오. (46~72)

46 照 [   ]   47 恕 [   ]
48 眠 [   ]   49 械 [   ]
50 迫 [   ]   51 奴 [   ]
52 贊 [   ]   53 恐 [   ]
54 顔 [   ]   55 片 [   ]
56 寂 [   ]   57 釋 [   ]
58 玄 [   ]   59 諾 [   ]
60 卽 [   ]   61 憤 [   ]
62 悟 [   ]   63 虎 [   ]
64 稚 [   ]   65 睦 [   ]
66 劍 [   ]   67 響 [   ]
68 婢 [   ]   69 翼 [   ]
70 錦 [   ]   71 峯 [   ]
72 側 [   ]

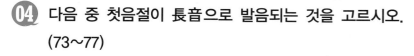

04 다음 중 첫음절이 **長音**으로 발음되는 것을 고르시오.
(73~77)

73 ① 悔色　② 灰色　[　]

74 ① 歌辭　② 假死　[　]

75 ① 祭儀　② 提議　[　]

76 ① 變更　② 邊境　[　]

77 ① 移轉　② 以前　[　]

05 다음 문장에서 밑줄 친 漢字語를 漢字(正字)로 쓰시오.
(78~107)

- 한 보건 [78]단체에서 국민의 [79]건강을 위해 공중식당에서 [80]금연을 하자는 캠페인을 벌였다.
- 우리는 결혼반지를 맞추려고 오후 내내 귀금속 [81]도매 [82]상가를 돌아다녔다.
- 우리 가족들은 아버지를 따라 시골 [83]관사에 들어가서 내가 고등학교를 [84]졸업할 때까지 그곳에서 살았다.
- 지역 신문은 중고품 매매, [85]구직, [86]부동산 [87]거래 등과 같은 생활 [88]정보로 지면이 꾸며진다.
- 우리들은 모두가 [89]행복하고 [90]고귀하게 살 [91]권리를 지니고 있다고 열변을 토했다.
- [92]단순하게 보여도 [93]설화 문학은 옛 선인들의 [94]의식을 들여다볼 수 있는 창이야.
- 그는 [95]극단의 상황에서도 절대 평정심을 잃지 않고 오히려 삶의 [96]희망을 찾았다.
- [97]의사는 눈병의 증세가 더 심한 오른쪽 눈에 [98]안대를 대주었다.
- 국가 [99]경쟁력 강화를 위해서는 [100]노사 [101]관계가 [102]원만해야 한다.
- [103]정부는 이들 지역에 혁신 거점을 조성하고 지역 [104]밀착형 생활 사회 [105]간접 자본 공급을 확대할 계획이다.
- 상수원 [106]보호 구역에는 폐수 정화 시설을 [107]설치해야 한다.

78 [　]　**79** [　]
80 [　]　**81** [　]
82 [　]　**83** [　]
84 [　]　**85** [　]
86 [　]　**87** [　]
88 [　]　**89** [　]
90 [　]　**91** [　]
92 [　]　**93** [　]
94 [　]　**95** [　]
96 [　]　**97** [　]
98 [　]　**99** [　]
100 [　]　**101** [　]
102 [　]　**103** [　]
104 [　]　**105** [　]
106 [　]　**107** [　]

06 다음 漢字와 비슷한 뜻을 가진 漢字(正字)를 (　) 안에 써서 문장에 적합한 漢字語가 되게 하시오. (108~112)

108 궁수는 날카로운 화살로 적의 (　)帥를 쐈다.

109 부모님을 恭(　)하는 것은 도의적 의무라고 할 수 있다.

110 그 사고는 서류상의 錯(　)가 생겨서 일어난 일이다.

111 이 의자는 무척 堅(　)하게 만들어졌다.

112 아래에 (　)列되어 있는 단어들의 공통점은 무엇일까요?

07 다음 漢字와 뜻이 反對 또는 相對되는 漢字(正字)를 써서 漢字語를 완성하시오. (113~117)

113 이 법안을 두고 지지파와 반대파 간에 열띤 攻(　)이 벌어졌다.

114 우리 사회는 아직까지 (　)富의 차가 심하다.

115 승부가 결정되자마자, 치열하게 경쟁했던 두 선수의 얼굴에 喜(　)가 엇갈렸다.

116 그는 투자에 앞서 재빠르게 損(　)을 따져 보았다.

117 승패가 같은 경우 골 ( )失 차로 본선 진출을 가린다.

08 다음 漢字語의 反對語 또는 相對語를 2음절로 된 漢字(正字)로 쓰시오. (118~122)

118 拒否 ↔ (   )　　**119** 迎新 ↔ (   )

120 苦痛 ↔ (   )　　**121** 減退 ↔ (   )

122 原因 ↔ (   )

09 다음 漢字語의 同音異義語를 漢字(正字)로 쓰되, 제시된 뜻에 맞는 것으로 하시오. (123~127)

123 疏遠 - (   ) 어떤 일이 이루어지기를 바람. 또는 그런 일.

124 舞技 - (   ) 전쟁이나 싸움에 사용되는 기구를 통틀어 이르는 말.

125 造機 - (   ) 아침 일찍 일어남.

126 蘭芳 - (   ) 실내의 온도를 높여 따뜻하게 하는 일.

127 飛上 - (   ) 뜻밖의 긴급한 사태.

10 다음 (   ) 안에 알맞은 漢字(正字)를 써서 四字成語를 완성하시오. (128~137)

128 ( )骨仙風 : 살빛이 희고 고결하여 신선과 같은 풍채.

129 改過遷( ) : 지난날의 잘못이나 허물을 고쳐 올바르고 착하게 됨.

130 無( )徒食 : 하는 일 없이 놀고먹음.

131 姑( )之計 : 우선 당장 편한 것만을 택하는 꾀나 방법.

132 ( )思熟考 : 깊이 잘 생각함.

133 ( )學阿世 : 바른길에서 벗어난 학문으로 세상 사람에게 아첨함.

134 桑( )碧海 : 뽕나무밭이 변하여 푸른 바다가 된다는 뜻으로, 세상일의 변천이 심함을 비유적으로 이르는 말.

135 ( )株待兔 : 한 가지 일에만 얽매여 발전을 모르는 어리석은 사람을 비유적으로 이르는 말.

136 近墨者( ) : 먹을 가까이하는 사람은 검어진다는 뜻으로, 나쁜 사람과 가까이 지내면 나쁜 버릇에 물들기 쉬움을 비유적으로 이르는 말.

137 切( )腐心 : 몹시 분하여 이를 갈며 속을 썩임.

11 다음 漢字의 部首를 쓰시오. (138~142)

138 票 [   ]

139 項 [   ]

140 盲 [   ]

141 幹 [   ]

142 栗 [   ]

12 다음 漢字의 略字를 쓰시오. (143~145)

143 擔 [   ]

144 處 [   ]

145 壓 [   ]

13 다음 漢字語의 뜻을 쓰시오. (146~150)

146 微笑 [   ]

147 露宿 [   ]

148 猛毒 [   ]

149 僞證 [   ]

150 潛跡 [   ]

제98회
2022. 8. 27 시행
(社) 한국어문회 주관·한국한자능력검정회 시행
한자능력검정시험 3급II 기출문제
문 항 수 : 150문항
합격문항 : 105문항
제한시간 : 60분

01 다음 문장에서 밑줄 친 漢字語의 讀音을 쓰시오.
(1~20)

- 기업의 탐욕으로 소비자들의 건강과 안전을 [1]威脅하는 일을 막기 위한 윤리 [2]綱領이 만들어졌다.
- 무분별한 야생동물 [3]捕獲을 막기 위한 [4]妙策을 마련해야 한다.
- 전 국민의 [5]餘裕롭고 [6]潤澤한 삶을 [7]擔保할 수 있도록 국토 [8]均衡 발전안을 [9]貫徹시켜야 한다.
- 최근 기업 [10]倒産의 이유 중 하나가 [11]累積된 [12]債務 관리를 소홀히 한 데 있다는 [13]指摘은 정확하다.
- 회원 가입 신청을 [14]承諾한 후에 숙박 [15]仲介 서비스 및 숙박 [16]割引 쿠폰을 받을 수 있다.
- 최근 신성 폭발보다는 [17]規模가 작은 [18]微細 핵융합 현상이지만 위력은 역시 [19]可恐할 만한 [20]恒星 폭발 현상이 발견되었다.

1 [   ]   2 [   ]
3 [   ]   4 [   ]
5 [   ]   6 [   ]
7 [   ]   8 [   ]
9 [   ]   10 [   ]
11 [   ]   12 [   ]
13 [   ]   14 [   ]
15 [   ]   16 [   ]
17 [   ]   18 [   ]
19 [   ]   20 [   ]

02 다음 漢字語의 讀音을 쓰시오. (21~45)

21 疫疾 [   ]   22 訴訟 [   ]
23 縱橫 [   ]   24 被襲 [   ]
25 強硬 [   ]   26 賦與 [   ]
27 喜悅 [   ]   28 弊端 [   ]
29 衝擊 [   ]   30 管掌 [   ]
31 柔軟 [   ]   32 緊密 [   ]
33 踏査 [   ]   34 脫稿 [   ]
35 恥辱 [   ]   36 報償 [   ]
37 閉鎖 [   ]   38 裁斷 [   ]
39 獻納 [   ]   40 秩序 [   ]
41 偏見 [   ]   42 僞裝 [   ]
43 悔改 [   ]   44 削除 [   ]
45 禽獸 [   ]

03 다음 漢字의 訓과 音을 쓰시오. (46~72)

46 簿 [   ]   47 隆 [   ]
48 懇 [   ]   49 荷 [   ]
50 契 [   ]   51 勵 [   ]
52 芳 [   ]   53 偶 [   ]
54 忽 [   ]   55 戚 [   ]
56 殆 [   ]   57 兆 [   ]
58 畢 [   ]   59 需 [   ]
60 奮 [   ]   61 悠 [   ]
62 陶 [   ]   63 幾 [   ]
64 貿 [   ]   65 突 [   ]
66 率 [   ]   67 錯 [   ]
68 恕 [   ]   69 豪 [   ]
70 陳 [   ]   71 薄 [   ]
72 壬 [   ]

04 다음 중 첫음절이 長音으로 발음되는 것을 고르시오.
(73~77)

73 ① 誇張   ② 課長   [   ]
74 ① 嶺上   ② 影像   [   ]

75 ① 玄琴　② 現金　[　　]

76 ① 點點　② 漸漸　[　　]

77 ① 史庫　② 思考　[　　]

05 다음 문장에서 밑줄 친 漢字語를 漢字(正字)로 쓰시오. (78~107)

- 교육은 [78]개인이나 [79]집단이 가진 [80]지식, [81]기술, 기능, 가치관 등을 대상자에게 바람직한 [82]방향으로 가르치고 배우는 [83]활동이다.
- 문화란 '자연 [84]상태에서 벗어나 일정한 [85]목적 또는 [86]이상을 실현하고자 [87]사회 구성원에 의하여 습득, [88]공유, [89]전달되는 행동 양식이나 생활 양식의 [90]과정 및 그 과정에서 이룩하여 낸 [91]물질적·[92]정신적 [93]소득'을 통틀어 이르는 말이다.
- 환경은 여러 가지 복합적인 생태계의 [94]작용에 의해 [95]복구, 유지되면서 지속적으로 생명체의 생명 활동을 가능하게 해 왔다.
- 기술 [96]경쟁의 [97]승패가 국가 안보와 [98]직결되는 [99]국제 [100]정세 안에서 글로벌 기술 경쟁에 대한 [101]지정학적 상황을 [102]확인하고 기술 [103]주권을 확보하고 기술을 [104]선도해 가기 위한 우리나라의 전략적 대응의 [105]최선 방안을 찾기 위한 [106]논의가 [107]진행되고 있다.

78 [　　　]　**79** [　　　]

80 [　　　]　**81** [　　　]

82 [　　　]　**83** [　　　]

84 [　　　]　**85** [　　　]

86 [　　　]　**87** [　　　]

88 [　　　]　**89** [　　　]

90 [　　　]　**91** [　　　]

92 [　　　]　**93** [　　　]

94 [　　　]　**95** [　　　]

96 [　　　]　**97** [　　　]

98 [　　　]　**99** [　　　]

100 [　　　]　**101** [　　　]

102 [　　　]　**103** [　　　]

104 [　　　]　**105** [　　　]

106 [　　　]　**107** [　　　]

06 다음 漢字와 비슷한 뜻을 가진 漢字(正字)를 (　) 안에 써서 문장에 적합한 漢字語가 되게 하시오. (108~112)

108 착륙 지시를 기다리는 항공기들이 공항 상공을 旋(　)했다.

109 정부 부처와 지방자치단체의 법령 (　)釋이 다르면 안 된다.

110 어떤 나라든 그 나라만의 독특한 慣(　)을 지니고 있다.

111 말을 한 (　)絡을 이해해야 그 정확한 의미를 이해할 수 있다.

112 신제품 발표회를 위해 사무실은 하루종일 奔(　)했다.

07 다음 漢字와 뜻이 反對 또는 相對되는 漢字(正字)를 써서 漢字語를 완성하시오. (113~117)

113 사안의 緩(　)에 따라 시행 순서를 결정해야 한다.

114 직원의 (　)免을 위한 인사위원회가 개최되었다.

115 모든 禍(　)의 근원은 입이므로 말을 조심하도록 했다.

116 군자는 용모와 내면이 일치하여 (　)裏가 한결같은 사람이다.

117 사회적 환경 변화에 어떻게 적응하느냐에 따라 기업의 (　)衰가 결정된다.

08 다음 漢字語의 反對語 또는 相對語를 2음절로 된 漢字(正字)로 쓰시오. (118~122)

118 架空 ↔ (　　)　**119** 消滅 ↔ (　　)

120 外延 ↔ (　　)　**121** 遠隔 ↔ (　　)

122 怨恨 ↔ (　　)

09 다음 漢字語의 同音異義語를 漢字(正字)로 쓰되, 제시된 뜻에 맞는 것으로 하시오. (123~127)

123 補助 – (　　) 걸음걸이의 속도나 모양 등의 상태.

124 致賀 – (　　) 통치가 미치는 범위나 구역.

125 聯騎 – (　　) 불에 탈 때에 생겨나는 흐릿한 기체.

126 鄕愁 – (　　) 향을 풍기는 액체 화장품.

127 傾斜 – (　　) 축하할 만한 기쁜 일.

10 다음 (　) 안에 알맞은 漢字(正字)를 써서 四字成語를 완성하시오. (128~137)

128 一(　)春夢 : 헛된 영화나 덧없는 일.

129 (　)株待兎 : 고지식하고 융통성이 없어 구습과 전례만 고집함.

130 (　)邪顯正 : 그릇된 생각을 버리고 올바른 도리를 행함.

131 日久月(　) : 세월이 흐를수록 더함.

132 (　)身揚名 : 출세하여 이름을 세상에 떨침.

133 附(　)雷同 : 줏대 없이 남의 의견에 따라 움직임.

134 面從腹(　) : 겉으로는 복종하는 체하면서 내심으로는 배반함.

135 勿失(　)機 : 좋은 기회를 놓치지 아니함.

136 首丘初(　) : 고향을 그리워하는 마음.

137 明若(　)火 : 불을 보듯 분명하고 뻔함.

11 다음 漢字의 部首를 쓰시오. (138~142)

138 益 [　　　　]

139 至 [　　　　]

140 卓 [　　　　]

141 興 [　　　　]

142 眞 [　　　　]

12 다음 漢字의 略字를 쓰시오. (143~145)

143 處 [　　　　]

144 缺 [　　　　]

145 壓 [　　　　]

13 다음 漢字語의 뜻을 쓰시오. (146~150)

146 剛度 [　　　　　　　　　　]

147 諸島 [　　　　　　　　　　]

148 拘束 [　　　　　　　　　　]

149 推計 [　　　　　　　　　　]

150 獨奏 [　　　　　　　　　　]

【제91회】 기출문제(139p~141p)

1 속도	2 치중	3 목표	4 퇴보
5 흥미	6 점차	7 궁극	8 도착
9 기업	10 정부	11 다양	12 조직
13 혁신	14 창조	15 파괴	16 경향
17 군수품	18 숙련	19 차출	20 격렬
21 사모	22 반상	23 수직	24 번성
25 가작	26 정묘	27 규범	28 소실
29 혈맹	30 사격	31 안면	32 장례
33 수식	34 면역	35 박장	36 군무
37 심사	38 심각	39 박애	40 창고
41 복통	42 성대	43 학수	44 취침
45 편집	46 健康	47 成功	48 運動
49 自尊	50 航空	51 材料	52 代身
53 每年	54 節約	55 死亡	56 大陸
57 施設	58 提示	59 方法	60 感情
61 硏究	62 醫師	63 親舊	64 心理
65 便安	66 宗敎	67 要求	68 實行
69 利用	70 靑春	71 知性	72 內包
73 單純	74 科學	75 藝術	76 그림자 영
77 맑을 숙	78 오를 승	79 별 진|때 신	80 저 피
81 복숭아 도	82 가죽 피	83 족보 보	84 조정 정
85 검을 현	86 바꿀 환	87 사이뜰 격	88 사나울 맹
89 집 각	90 이슬 로	91 주먹 권	92 가슴 흉
93 선 선	94 봉우리 봉	95 어릴 유	96 다리 각
97 저울대 형	98 간 간	99 재촉할 최	100 단풍 풍
101 끓을 탕	102 머금을 함	103 ②	104 ①
105 ②	106 ①	107 ②	108 神
109 列	110 界	111 英	112 續
113 守	114 急	115 得	116 常
117 決	118 和解	119 承認	120 世俗
121 許可	122 近海	123 香水	124 進化
125 田園	126 謝過	127 寶石	128 奉
129 頭	130 齒	131 敬	132 移
133 勝	134 逆	135 仙	136 億
137 如	138 心	139 隹	140 牛
141 氵(水)	142 曰	143 擧/舉	144 担
145 収	146 떠남과 머무름	147 굳고 튼튼함	
148 보내고 맞음	149 높은 지위나 자리로 옮김	150 길고 오램	

【제92회】 기출문제(142p~144p)

1 조선	2 요청	3 참전	4 임진
5 비밀	6 회담	7 진행	8 증상
9 호흡	10 곤란	11 두통	12 건강
13 회복	14 노약	15 기저	16 질병
17 적법	18 세금	19 납부	20 공헌
21 위로	22 보충	23 상아	24 해안
25 추월	26 배역	27 유아	28 투철
29 탈취	30 주옥	31 여유	32 맥반
33 묵서	34 기병	35 획득	36 폐지
37 간척	38 국화	39 습관	40 항소
41 용서	42 단풍	43 재판	44 인자
45 운율	46 師弟	47 理想	48 認識

【제92회 오른쪽】

49 提示	50 體制	51 忠誠	52 家族
53 歷史	54 記錄	55 敎育	56 思考
57 接受	58 未來	59 人工	60 出現
61 時間	62 知能	63 技術	64 發達
65 程度	66 業務	67 自然	68 作用
69 變化	70 創造	71 意味	72 經濟
73 道德	74 風俗	75 産物	76 나 아
77 미리 예	78 엷을 박	79 무릇 범	80 바늘 침
81 질그릇 도	82 대 대	83 시어미 고	84 골 곡
85 모래 사	86 풀 석	87 솜 면	88 낮 안
89 나아갈 취	90 가로 횡	91 진흙 니	92 클 태
93 직분 직	94 그림자 영	95 그루 주	96 도울 찬
97 들을 청	98 오랠 구	99 인륜 륜	100 꿈 몽
101 맏 백	102 고요할 적	103 ②	104 ①
105 ②	106 ①	107 ①	108 競/戰
109 初	110 悲	111 住	112 命
113 減	114 敗(負)	115 無	116 冷
117 婦	118 加入	119 內包	120 送舊
121 平等	122 開放	123 是非	124 獨走
125 防寒	126 列强	127 假說	128 筆
129 好	130 畫	131 善	132 輕
133 器	134 斷	135 良	136 福
137 實	138 隹	139 日	140 手
141 儿	142 口	143 声	144 売
145 齒	146 가루우유	147 주춧돌	
148 가축 기르는 건물	149 소금기	150 (매우)드물고 적음	

【제93회】 기출문제(146p~147p)

1 고투	2 탈환	3 투철	4 의식
5 개편	6 탈락	7 피폐	8 귀가
9 취침	10 조세	11 납부	12 할증
13 부과	14 영향	15 분발	16 현안
17 숙고	18 위협	19 감회	20 간구
21 묵계	22 매개	23 경개	24 강단
25 고취	26 곡성	27 미곡	28 관대
29 멸균	30 응낙	31 뇌리	32 도하
33 독려	34 노변	35 희롱	36 융숭
37 맥주	38 면밀	39 연모	40 부침
41 상실	42 습윤	43 유구	44 정적
45 계몽	46 맑을 아	47 잠깐 잠	48 부릴 역
49 정수리 정	50 미울 증	51 곳집 창	52 값 치
53 토할 토	54 입을 피	55 마칠 필	56 어찌 하
57 아름다울 가	58 항목 항	59 줄기 간	60 겸할 겸
61 새 금	62 아침 단	63 길 도	64 얼 동
65 굴 혈	66 녹 록	67 늦을 만	68 소반 반
69 깎을 삭	70 땀 한	71 푸를 창	72 우러를 앙
73 ①	74 ②	75 ①	76 ①
77 ②	78 次席	79 合格	80 榮光
81 職員	82 監察	83 責任	84 難處
85 解決	86 貯蓄	87 未來	88 保障
89 公園	90 不法	91 取得	92 代打
93 的中	94 競技	95 過飮	96 健康
97 財團	98 設立	99 商品	100 傳達

101 除隊	102 業務	103 指導	104 必要
105 錄畫	106 放送	107 滿開	108 潔
109 怒	110 備	111 連	112 承
113 起	114 給	115 勞	116 盛
117 進	118 原因	119 單純	120 收入
121 禁止	122 精神	123 理容	124 配食
125 防水	126 制約	127 武器	128 思
129 曲	130 患	131 賞	132 逆
133 婦	134 羅	135 故	136 終
137 輕	138 月(肉)	139 貝	140 皿
141 十	142 宀	143 党	144 爲
145 齒	146 젖을 먹임	147 밤이 깊음	148 생선국
149 몹시 더운 날씨		150 (때가) 다가옴	

【제94회】 기출문제(148p~150p)

1 강제	2 징용	3 피해	4 시도
5 경고	6 등재	7 동원	8 환경
9 인식	10 지적	11 침공	12 봉쇄
13 패배	14 치욕	15 질서	16 부서
17 체험	18 시책	19 지원	20 영향
21 관찰	22 청구	23 관습	24 극복
25 면제	26 겸칭	27 부가	28 계층
29 채권	30 복원	31 비교	32 손상
33 감사	34 추월	35 시효	36 아성
37 양호	38 역병	39 폐단	40 위증
41 개론	42 추경	43 유치	44 총선
45 착각	46 造作	47 由來	48 速斷
49 命令	50 變種	51 短期間	52 消息
53 日常	54 電話	55 通信	56 基準
57 情報	58 對備	59 自律	60 放送
61 知能	62 設計	63 過程	64 安全
65 處理	66 責務	67 權利	68 案內書
69 目錄	70 合法	71 收集	72 統治
73 領海	74 獨島	75 高麗	76 땀 한
77 뽕나무 상	78 마칠 필	79 찔 증	80 엄습할 습
81 거의 태	82 힘쓸 려	83 지을 제	84 다리 각
85 옻 칠	86 사무칠 투	87 임할 림	88 잘 침
89 닿을 촉	90 편안할 일	91 상거할 거	92 푸를 창
93 휘두를 휘	94 사이뜰 격	95 진흙 니	96 삼갈 신
97 탄식할 탄	98 찌를 자 | 찌를 척 | 수라 라		
99 눈깜짝일 순	100 작을 미	101 붙을 착	102 누를 압
103 ①	104 ②	105 ①	106 ①
107 ②	108 潔	109 達	110 少/貴
111 創	112 任	113 當	114 急
115 悲	116 凶	117 氷	118 單純
119 深夜	120 向上	121 減退	122 難解
123 演技	124 競走	125 提議	126 器官
127 副賞	128 頭	129 學	130 赤
131 逆	132 好	133 待	134 明
135 羅	136 怒	137 置	138 貝
139 豆	140 鬥	141 丿	142 又
143 党	144 写	145 興	

146 선대의 업적, 유산, 전통, 지위 따위를 물려받아 이어 나감.
147 긴밀히 관여되어 있어서 꼭 필요하다
148 더러워진 하천에 덮개 구조물을 씌워 겉으로 드러나지 않도록 함.
149 힘이나 세력 따위가 줄어서 약함.
150 세금이나 공과금 따위를 정해진 기한까지 내지 못하고 밀림

【제95회】 기출문제(151p~153p)

1 침묵	2 유치	3 칠흑	4 폐해
5 희석	6 영령	7 헌신	8 환경
9 평형	10 간절	11 추구	12 역할
13 근무	14 수명	15 상상	16 역병
17 극복	18 노출	19 개입	20 해방
21 초월	22 발휘	23 좌선	24 축하
25 호걸	26 염증	27 희열	28 피혁
29 안일	30 인내	31 점진	32 간척
33 총검	34 절개	35 건습	36 격리
37 겸양	38 농경	39 유치	40 기초
41 독촉	42 호란	43 진정	44 숙면
45 여진	46 우물 정	47 따뜻할 난	48 가로 횡
49 엷을 박	50 제사 사	51 땀 한	52 없을 막
53 곧을 정	54 생각 념	55 시어미 고	56 어리석을 우
57 슬플 애	58 피리 적	59 빼앗을 탈	60 뽕나무 상
61 뜰 부	62 깨끗할 정	63 어찌 하	64 나물 채
65 쇠할 쇠	66 세울 건	67 보리 맥	68 기둥 주
69 못 택	70 마칠 필	71 부드러울 유	72 버금 차
73 ②	74 ①	75 ②	76 ①
77 ②	78 吸煙	79 健康	80 保護
81 着用	82 守則	83 商業	84 快樂
85 宗教	86 生産	87 密接	88 村落
89 夫婦	90 關係	91 尊重	92 貧富
93 原因	94 自然	95 學說	96 水準
97 程度	98 經濟	99 消息	100 惡習
101 淸算	102 戰爭	103 總數	104 石炭
105 對應	106 處理	107 朝鮮	108 强(強)
109 壓	110 敬	111 虛	112 走
113 防	114 起	115 榮	116 授
117 罰	118 承認	119 恩惠	120 物質
121 非難	122 實在	123 悲話	124 講壇
125 部隊	126 景氣	127 死票	128 送
129 雪	130 勇	131 賢	132 首
133 廣	134 食	135 將	136 房
137 深	138 大	139 斗	140 日
141 心	142 穴	143 興	144 虫
145 伝	146 경마에서 말 타는 사람		
147 연설하는 사람		148 수요와 공급	
149 잘못을 바로잡음		150 보태어 도움	

【제96회】 기출문제(154p~156p)

1 충만	2 친절	3 훈육	4 명확
5 간결	6 핵심	7 영향	8 기반
9 운수	10 공공	11 투자	12 고취
13 창간	14 살균	15 밀봉	16 침수
17 경각	18 긴박	19 침착	20 압도
21 가미	22 촉각	23 두뇌	24 각광
25 간곡	26 강철	27 승낙	28 다례
29 답습	30 도예	31 맥락	32 황량
33 독려	34 책력	35 연마	36 사막
37 부양	38 희석	39 예심	40 애통
41 수연	42 회유	43 투혼	44 결함
45 위태	46 낮을 비	47 난간 란	48 모실 시
49 밭갈[犁田] 경	50 주먹 권	51 어리석을 우	52 막을[抗] 저
53 발자취 적	54 집 관	55 빠질 몰	56 바위 암

57 엿 당　　58 사를 소　　59 마칠 필　　60 매화 매
61 꿈 몽　　62 물따라갈/따를 연　　63 넘을 월
64 시내 계　　65 음란할 음　　66 신령 령　　67 취할 취
68 작을 미　　69 간사할 사　　70 무리 배　　71 사나울 맹
72 편안할 일　　73 ①　　74 ②　　75 ②
76 ①　　77 ①　　78 物體　　79 位置
80 配列　　81 統一新羅　　82 選擧　　83 勝利
84 重要　　85 特報　　86 留意　　87 住宅
88 價格　　89 競技　　90 觀衆　　91 警告
92 强力　　93 暴風　　94 炭素　　95 增加
96 展望　　97 電氣　　98 信號　　99 自律走行車
100 識別　　101 死角　　102 地帶　　103 事態
104 集團　　105 知性　　106 習得　　107 接近
108 監　　109 患　　110 通　　111 北
112 製　　113 過　　114 吉　　115 武
116 授　　117 使　　118 深夜　　119 低下
120 非難　　121 建設　　122 眞實　　123 節稅
124 理想　　125 容器　　126 養護　　127 邊境
128 待　　129 支　　130 爲　　131 無
132 進　　133 故　　134 將　　135 和
136 本　　137 術　　138 广　　139 曰
140 糸　　141 飛　　142 食(飠)　　143 興
144 總　　145 応
146 어떤 사실을 설명하기 위해 설정한 가정
147 알려지지 않음　　148 얼굴, 머리, 옷차림 따위를 곱게 꾸밈
149 총이나 포를 쏨
150 어떤 일이 일어나거나 변화하도록 만드는 결정적인 원인이나 기회

109 敬　　110 誤　　111 固　　112 羅
113 防　　114 貧　　115 悲　　116 益
117 得　　118 承認　　119 送舊　　120 快樂
121 增進　　122 結果　　123 所願　　124 武器
125 早起　　126 暖(煖)房　　127 非常　　128 玉
129 善　　130 爲　　131 息　　132 深
133 曲　　134 田　　135 守　　136 黑
137 齒　　138 示　　139 頁　　140 目
141 干　　142 木　　143 担　　144 処
145 压
146 소리 없이 빙긋이 웃음
147 한데에서 잠을 잠　　148 심한 독기
149 거짓으로 증명함 또는 그런 증거
150 종적을 아주 숨김

【제97회】 기출문제(157p~159p)

1 격려　　2 위안　　3 경찰서　　4 침범
5 권총　　6 탈취　　7 누각　　8 현판
9 유구　　10 습관　　11 폭설　　12 연락
13 융숭　　14 여흥　　15 잔상　　16 뇌리
17 세균　　18 침투　　19 폭격　　20 현저
21 과묵　　22 연마　　23 맥반　　24 우주
25 집도　　26 환불　　27 매개　　28 연안
29 겸허　　30 부적　　31 고취　　32 적아
33 연모　　34 어전　　35 괴수　　36 간청
37 점염　　38 번창　　39 징조　　40 폐렴
41 강단　　42 상환　　43 계몽　　44 우롱
45 구류　　46 비칠 조　　47 용서할 서　　48 잘 면
49 기계 계　　50 핍박할 박　　51 종 노　　52 도울 찬
53 두려울 공　　54 낯 안　　55 조각 편　　56 고요할 적
57 풀 석　　58 검을 현　　59 허락할 낙　　60 곧 즉
61 분할 분　　62 깨달을 오　　63 범 호　　64 어릴 치
65 화목할 목　　66 칼 검　　67 울릴 향　　68 계집종 비
69 날개 익　　70 비단 금　　71 봉우리 봉　　72 곁 측
73 ①　　74 ②　　75 ①　　76 ①
77 ②　　78 團體　　79 健康　　80 禁煙
81 都賣　　82 商街　　83 官舍　　84 卒業
85 求職　　86 不動産　　87 去來　　88 情報
89 幸福　　90 高貴　　91 權利　　92 單純
93 說話　　94 意識　　95 極端　　96 希望
97 醫師　　98 眼帶　　99 競爭　　100 勞使
101 關係　　102 圓滿　　103 政府　　104 密着
105 間接　　106 保護　　107 設置　　108 將

【제98회】 기출문제(160p~162p)

1 위협　　2 강령　　3 포획　　4 묘책
5 여유　　6 윤택　　7 담보　　8 균형
9 관철　　10 도산　　11 누적　　12 채무
13 지적　　14 승낙　　15 중개　　16 할인
17 규모　　18 미세　　19 가공　　20 항성
21 역질　　22 소송　　23 종횡　　24 피습
25 강경　　26 부여　　27 희열　　28 폐단
29 충격　　30 관장　　31 유연　　32 긴밀
33 답사　　34 탈고　　35 치욕　　36 보상
37 폐쇄　　38 재단　　39 헌납　　40 질서
41 편견　　42 위장　　43 회개　　44 삭제
45 금수　　46 문서 부　　47 높을 룡　　48 간절할 간
49 멜 하　　50 맺을 계　　51 힘쓸 려　　52 꽃다울 방
53 짝 우　　54 갑자기 홀　　55 친척 척　　56 거의 태
57 억조 조　　58 마칠 필　　59 쓰일/쓸 수　　60 떨칠 분
61 멜 유　　62 질그릇 도　　63 경기 기　　64 무역할 무
65 갑자기 돌　　66 비율 률/거느릴 솔　　67 어긋날 착
68 용서할 서　　69 호걸 호　　70 베풀/묵을 진　　71 엷을 박
72 북방 임　　73 ①　　74 ②　　75 ②
76 ②　　77 ①　　78 個人　　79 集團
80 知識　　81 技術　　82 方向　　83 活動
84 狀態　　85 目的　　86 理想　　87 社會
88 共有　　89 傳達　　90 過程　　91 物質
92 精神　　93 所得　　94 作用　　95 復舊
96 競爭　　97 勝敗　　98 直結　　99 國際
100 情勢　　101 地政學　　102 確認　　103 主權
104 先導　　105 最善　　106 論議　　107 進行
108 回　　109 解　　110 習　　111 脈
112 走　　113 急　　114 任　　115 福
116 表　　117 盛　　118 實在　　119 發生
120 內包　　121 近接　　122 恩惠　　123 步調
124 治下　　125 煙氣　　126 香水　　127 慶事
128 場　　129 守　　130 破　　131 深
132 立　　133 和　　134 背　　135 好
136 心　　137 觀　　138 皿　　139 至
140 十　　141 曰　　142 目　　143 処
144 欠　　145 压　　146 단단하고 센 정도
147 모든 섬　　148 (행동이나 생각의) 자유를 제한함
149 (일부로 전체를) 미루어 계산함
150 한 사람이 악기를 연주하는 일

한자능력검정시험

기출 · 예상문제집 3급Ⅱ

발 행 일 | 2023년 1월 10일

발 행 인 | 한국어문한자연구회

발 행 처 | 한국어문교육연구회

주　　소 | 서울시 마포구 독막로 52, 207호

　　　　　(합정동, 엘림오피스텔)

전　　화 | 02)332-1275, 1276

팩　　스 | 02)332-1274

등록번호 | 제313-2009-192호

I S B N | 979-11-91238-44-0　13700

정가 15,000원

공|급|처　　푸른하늘　T. 02-332-1275, 1276　|　F. 02-332-1274

www.skymiru.co.kr